十三經漢魏古注叢書

論語集解

〔三國魏〕何晏 集解
虞思徵 整理

商務印書館
創于1897 The Commercial Press

商務印書館（上海）有限公司 出品
The Commercial Press (Shanghai) Co.Ltd

十三經漢魏古注叢書

總主編：朱傑人

執行主編：徐　淵　但　誠

叢 書 序

儒學的發生和發展，是與儒家經典的確認與被詮釋、被解讀相始終的。東漢和帝永元十四年（公元102年），司空徐防"以《五經》久遠，聖意難明，宜爲章句，以悟後學。上疏曰：'臣聞《詩》《書》《禮》《樂》，定自孔子，發明章句，始於子夏。其後諸家分析，各有異説。漢承亂秦，經典廢絶，本文略存，或無章句。收拾缺遺，建立明經，博徵儒術，開置太學。'"（〔南朝宋〕范曄撰，〔唐〕李賢等注：《後漢書》卷四十四《徐防傳》，北京：中華書局，1965年，第1500頁）於今而言，永元離孔聖時代未遠（孔子逝於公元前479年，至永元十四年，凡581年），然徐防已然謂"《五經》久遠，聖意難明"，而強調"章句"之學的重要性。所謂"章句"，即是對經典的訓釋。從徐防的奏疏看，東漢人既認同子夏是對儒家經典進行訓釋的"發明"者，也承認秦亂以後儒家的經典只有本文流傳了下來，而"章句"已經失傳。

西漢武帝即位不久，董仲舒上《天人三策》，確立了儒學作爲國家的主流意識形態。自此，對儒家經典的研究與注釋出現了百花齊放的局面，章句之學成爲一時之顯學。漢人講經，重師法和家法。皮錫瑞曰："前漢重師法，後漢重家法。先有師法，而後能成一家之言。師法者，溯其源；家法者，衍其流也。"（〔清〕皮錫瑞著，周予同注釋：《經學歷史》，北京：中華書局，2008年，第136頁）既溯其源，則兩漢經學，幾乎一出於子夏。即其"流"，大抵也流出不遠。漢章帝建初四年（公元79年），詔群儒會講白虎觀論《五經》異同，詔曰："蓋三代導人，教學爲本。漢承暴秦，褒顯儒術，建立《五經》，爲置博士。其後學者精進，雖曰承師，亦別名家。孝宣皇帝以爲去聖久遠，學不厭博，故遂立大、小夏侯《尚書》，後又立《京氏易》。至建武中，復置顏氏、嚴氏《春秋》，大、小戴《禮》博士。此皆所以扶進微學，尊廣道藝也。"（〔南朝宋〕范曄撰，〔唐〕李賢等注：《後漢書》卷三《肅宗孝章帝紀》，第137—138頁）漢章帝的詔書肯定了師法與家法在傳承儒家經典過程中不可或缺的作用，並認爲收羅和整理瀕臨失傳的師法、家法之遺存，可以"扶進微學，尊廣道藝"。

嚴正先生認爲兩漢經學家們"注重師法和家法是爲了證明自己學說的權威性，他們可以列出從孔子以至漢初經師的傳承譜系，這就表明自己的學説確實是孔子真傳"（姜廣輝主編：《中國經學思想史》第二卷，北京：中國社會科學出版社，2003年，第14頁）。這種風氣，客觀上爲兩漢時代經學的發展提供了一個可控而不至失範的學術環境，有利於經學的傳播和發展（當然，家法、師法的流弊是束縛了經學獲得新的生命力，那是問題的另一個方面）。漢代的這種學風，一直影響到魏、晉、唐。孔穎達奉旨修《五經正義》，馬嘉運"以穎達所撰《正義》頗多繁雜，每掎摭之，諸儒亦稱爲允當"（〔後晉〕劉昫等撰：《舊唐書》卷七十三《馬嘉運傳》，北京：中華書局，1975年，第2603頁）。所謂"頗多繁雜"，實即不謹師法。史載，孔穎達的《五經正義》編定以後，因受到馬嘉運等的批評並未立即頒行，而是"詔更令詳定"

（〔後晉〕劉昫等撰：《舊唐書》卷七十三《馬嘉運傳》，第2603頁）。直至高宗永徽四年（公元653年），才正式詔頒於天下，令每歲明經科以此考試。此時離孔穎達去世已五年之久。此可見初唐朝野對儒家經典訓釋的慎重和謹嚴。這種謹慎態度的背後，顯然是受到自漢以來經典解釋傳統的影響。

　　正因爲漢、魏至唐，儒家學者們對自己學術傳統的堅守和捍衛，給我們留下了一份彌足珍貴的遺產，那就是一系列關於儒家經典的訓釋。我們今天依然可以見到的如：《周易》王弼注，《詩經》毛亨傳、鄭玄箋，《尚書》僞孔安國傳，三《禮》鄭玄注，《春秋左傳》杜預注，《春秋公羊傳》何休解詁，《春秋穀梁傳》范甯集解，《論語》何晏集解，《孟子》趙岐章句，《爾雅》郭璞注，《孝經》孔安國傳、鄭玄注等。這些書，我們姑且把它們稱作"古注"。

　　惠棟作《九經古義序》曰："漢人通經有家法，故有《五經》師。訓詁之學，皆師所口授，其後乃著竹帛。所以漢經師之説立於學官，與經並行。《五經》出於屋壁，多古字古音，非經師不能辯，經之義存乎訓，識字審音乃知其義，是故古訓不可改也，經師不可廢也。"（〔清〕惠棟：《九經古義》述首，王雲五編：《叢書集成初編》254—255，上海：商務印書館，1937年，第1頁）惠氏之説，點出了不能廢"古注"的根本原因，可謂中肯。

　　對儒家經典的解讀，到了宋代發生一個巨大的變化："訓詁之學"被冷落，"義理之學"代之而起。由此又導出漢學、宋學之別，與漢學、宋學之爭。

　　王應麟説："自漢儒至於慶曆間，説經者守訓故而不鑿。《七經小傳》出而稍尚新奇矣。至《三經義》行，視漢

3

儒之學若土梗。"（〔宋〕王應麟著，〔清〕翁元圻輯注，孫通海點校：《困學紀聞注》卷八《經說》，北京：中華書局，2016年，第1192頁）按，《七經小傳》劉敞撰，《三經義》即王安石《三經新義》。然則，王應麟認爲宋代經學風氣之變始於劉、王。清人批評宋學："非獨科舉文字蹈空而已，説經之書，亦多空衍義理，橫發議論，與漢、唐注疏全異。"（〔清〕皮錫瑞著，周予同注釋：《經學歷史》，第274頁）惠棟甚至引用其父惠士奇的話説："宋人不好古而好臆説，故其解經皆燕相之説書也。"（〔清〕惠棟：《九曜齋筆記》卷二《本朝經學》，《聚學軒叢書》本）其實，宋學的這些弊端，宋代人自己就批評過。神宗熙寧二年（公元1069年）司馬光上《論風俗劄子》曰："竊見近歲公卿大夫好爲高奇之論，喜誦老、莊之言，流及科場，亦相習尚。新進後生，未知臧否，口傳耳剽，翕然成風。至有讀《易》未識卦、爻，已謂《十翼》非孔子之言；讀《禮》未知篇數，已謂《周官》爲戰國之書；讀《詩》未盡《周南》《召南》，已謂毛、鄭爲章句之學。讀《春秋》未知十二公，已謂三《傳》可束之高閣。循守注疏者，謂之腐儒；穿鑿臆説者，謂之精義。"（〔宋〕司馬光撰，李文澤、霞紹暉校點：《司馬光集》卷四五，成都：四川大學出版社，2010年，第973—974頁）可見，此種學風確爲當時的一種風氣。但清人的批評指向却是宋代的理學，好像宋代的理學家們都是些憑空臆説之徒。這種批評成了理學躲不開的夢魘，也成了漢學、宋學天然的劃界標準。

遺憾的是，這其實是一種被誤導了的"常識"。

理學家並不拒斥訓詁之學，更不輕視漢魏古注。恰恰相反，理學家的義理之論正是建立在對古注的充分尊重與理解之上才得以成立，即使對古注持不同意見，也必以翔實的考據和慎密的論證爲依據。而這正是漢學之精髓所在。試以理學的經典《四書章句集注》爲例，其訓詁文字基本上採自漢唐古注。據中國臺灣學者陳逢源援引日本學者大槻信良的統計："《論語集注》援取漢宋諸儒注解有九百四十九條，採用當朝儒者説法有六百八十條；《孟子集注》援取漢宋諸儒注解一千零六十九條，採用當朝儒者説法也有二百五十五條。"（陳逢源：《朱熹與四書章句集注》，臺北：里仁書局，2006年，第195—196頁）這一統計説明，朱子的注釋是"厚古"而"薄今"的。

朱子非常重視古注，推尊漢儒："古注有不可易處。"（〔宋〕黎靖德輯，鄭明等校點：《朱子語類》卷六十四，《朱子全書》［第十六册］，上海：上海古籍出版社，合肥：安徽教育出版社，2002年，第2130頁）"諸儒説多不明，却是古注是。"（〔宋〕黎靖德輯，鄭明等校點：《朱子語類》卷六十四，《朱子全書》［第十六册］，第2116頁）"東漢諸儒煞好。……康成也可謂大儒。"（〔宋〕黎靖德輯，鄭明等校點：《朱子語類》卷八十七，《朱子全書》［第十七册］，第2942頁）甚至對漢人解經之家法，朱子亦予以肯定："其治經必專家法者，天下之理固不外於人之一心，然聖賢之言則有淵奥爾雅而不可以臆斷者，其制度、名物、行事本末又非今日之見聞所能及也，故治經者必因先儒已成之説而推之。借曰未必盡是，亦當究其所以得失之故，而後可以反求諸心而正其繆。此漢之諸儒所以專門名家，各守師説，而不敢輕有變焉者也……近年以來，習俗苟偷，學無宗主，治經者不復讀其經之本文與夫先儒之傳注，但取近時科舉中選之文諷誦摹仿，擇取經中可爲題目之句以意扭捏，妄作主張，明知不是經意，但取便於行文，不假恤也……主司不惟不知其繆，乃反以爲工而置之高等。習以成風，轉相祖述，慢侮聖言，日以益盛。名爲治經而實爲經學之賊，號爲作文而實爲文字之妖。不可坐視而不之正也。"（〔宋〕朱熹撰，徐德明、王鐵校點：《學校貢舉私議》,《晦庵先生朱文公文集》卷六十九,《朱子全書》[第二十三册]，第 3360 頁）這段文字明白無誤地指出，漢人家法之不可無，治經必不可丢棄先儒已成之説。

這段文字還對當時治經者抛棄先儒成説而肆意臆説的學風提出了嚴厲的批評。認爲這不是治經，而是經學之賊。他對他的學生説："傳注，惟古注不作文，却好看。只隨經句分説，不離經意最好。疏亦然。今人解書，且圖要作文，又加辨説，百般生疑。故其文雖可讀，而經意殊遠。"（〔宋〕黎靖德輯，鄭明等校點：《朱子語類》卷十一,《朱子全書》[第十四册]，第 351 頁）他認爲守注疏而後論道是正道："祖宗以來，學者但守注疏，其後便論道，如二蘇直是要論道，但注疏如何棄得？"（〔宋〕黎靖德輯，鄭明等校點：《朱子語類》卷一百二十九,《朱子全書》[第十八册]，第 4028 頁）他提倡訓詁、經義不相離："漢儒可謂善説經者，不過只説訓詁，使人以此訓詁玩索經文，訓詁、經文不相離異，只做一道看了，直是意味深長也。"（〔宋〕朱熹撰，徐德明、王鐵校點：《答張敬夫》,《晦庵先生朱文公文集》卷三十一，第 1349 頁）

錢穆先生論朱子之辨《禹貢》，論其考據功夫之深，而有一歎曰："清儒窮經稽古，以《禹貢》專門名家者頗不乏人。惜乎漢宋門户牢不可破，先横一偏私之見，未能直承朱子，進而益求其真是之所在，而仍不脱於遷就穿鑿，所謂巧愈甚而謬愈彰，此則大可遺憾也。"（錢穆：《朱子新學案》[第五册]，《錢賓四先生全集》，臺北：聯經出版事業公司，1998年，第341頁）

　　20世紀20年代，商務印書館曾經出過一套深受學界好評的叢書《四部叢刊》。《叢刊》以精選善本爲勝，贏得口碑。經部典籍則以漢魏之著，宋元之刊爲主，一時古籍之最，幾乎被一網打盡。但《四部叢刊》以表現古籍原貌爲宗旨，故呈現方式爲影印。它的好處是使藏之深閣的元明刻本走入了普通學者和讀者的家庭，故甫一問世，便廣受好評，直至今日它依然是研究中國學術文化的學者們不可或缺的基本圖書。但是，它的缺點是曲高和寡而價格不菲，不利於普及與流通。鑒於當下持續不斷的國學熱、傳統文化熱，人們研讀經典已從一般的閱讀向深層的需求發展，商務印書館決定啓動一項與時俱進的大工程：編輯一套經過整理的儒家經典古注本。選目以《四部叢刊》所收漢魏古注爲基礎，輔以其他宋元善本。爲了適應現代人的閱讀習慣，這套叢書改直排爲橫排，但爲了保持古籍的原貌而用繁體字，並嚴格遵循古籍整理的規範，有句讀（點），用專名綫（標）。參與整理的，都是國內各高校和研究機構學有專長的中青年學者。

　　另外，本次整理還首次使用了剛剛開發成功的 Source Han（開源思源宋體）。這種字體也許可以使讀者們有一種更舒適的閱讀體驗。

朱傑人
二〇一九年二月
於海上桑榆匪晚齋

目　　錄

整理説明 / 1
整理凡例 / 5
論語序 / 7
論語卷第一 / 9
　學而第一 / 11
　爲政第二 / 18
論語卷第二 / 27
　八佾第三 / 29
　里仁第四 / 39
論語卷第三 / 47
　公冶長第五 / 49
　雍也第六 / 60
論語卷第四 / 71
　述而第七 / 73
　泰伯第八 / 85

論語卷第五 / 93
子罕第九 / 95
鄉黨第十 / 106

論語卷第六 / 115
先進第十一 / 117
顏淵第十二 / 128

論語卷第七 / 137
子路第十三 / 139
憲問第十四 / 149

論語卷第八 / 165
衛靈公第十五 / 167
季氏第十六 / 179

論語卷第九 / 187
陽貨第十七 / 189
微子第十八 / 200

論語卷第十 / 207
子張第十九 / 209
堯曰第二十 / 218

整理説明

　　《論語》以記載孔子及孔門弟子言行爲主。關於"論語"命名之意義，衆説紛紜，班固《漢志》最早對此予以詮釋：

　　《論語》者，孔子應答弟子、時人及弟子相與言而接聞於夫子之語也。當時弟子各有所記，夫子既卒，門人相與輯而論纂，故謂之《論語》。

　　"論"爲論纂，"語"指言語，通言之，即經過編纂之語録。此説較後世劉熙、劉勰之"倫理"説，傅玄之"追論"説，皇侃、陸德明、邢昺之"多義"説，陳祥道之"言理"説，何異孫、袁枚之"討論"説及近現代各種解説，似更近事實。《論語》一條爲一章，合若干章爲一篇，各篇大致以類相從。書中頗有章節重出者，顯然成於衆手，應爲孔門弟子及再傳弟子平日雜記之言彙纂而成。關於《論語》之最後編定者與成書年代，柳宗元《論語辨》云弟子中曾子最少，而《論語》記其臨終之言，則《論語》當是戰國初期由曾子弟子樂正子春、子思之徒最終編輯而成。
　　《論語》傳至漢代有《古文論語》與屬今文之《魯論語》《齊論語》三家。《魯論語》二十篇，即今通行篇次；《齊論語》二十二篇，多《問王》《知道》二篇；《古文論語》出孔壁中，析《堯曰》篇爲二，凡二十一篇。《魯論》《齊論》各有師傳，《古論》則僅有孔安國、馬融爲之注。西漢末，安昌侯張禹合《魯論》《齊論》考之，删其煩惑，擇善而從，以《魯論》篇次爲定，號曰《張侯論》，爲世所貴，包咸、周氏爲之章句。東漢末，鄭玄以《張侯論》爲底本，校之《古論》並加以注釋，成《論語鄭氏注》，王國維言其"篇章雖仍《魯》舊，而字句全從《古文》"。魏正始中，何晏等集漢孔安國、馬融、包咸、周氏、鄭玄五家注及魏陳群、王肅、周生烈三家義說，兼下己意，成《論語集解》十卷，奏於朝廷。該書既爲漢代以來注解《論語》集大成之作，亦是官修儒家經典集注本之濫觴，影響深遠。自《集解》行於世而各家注釋漸廢，《隋志》云："梁、陳之時，唯鄭玄、何晏立於國學而鄭氏甚微，周、齊鄭學獨立，至隋，何、鄭並行，鄭氏盛於人間。"至唐陸德明時乃言"今以（《集解》）爲主"，何晏《集解》遂爲後世獨宗。鄭注本五代後逐漸亡佚，今尚可從敦煌遺書、吐魯番文書殘卷中窺其梗概。

《論語集解》十卷，魏何晏（公元190至249年）等著。晏字平叔，河南南陽人，大將軍何進孫。曹操爲司空時納其母尹氏爲夫人，故晏長於宮省，尚金鄉公主，後依附曹爽，官至吏部尚書。晏少以才秀知名，好老莊，爲正始間名士、玄學家，著有《官族傳》十四卷、《魏晉謚議》十三卷、《老子道德論》二卷、《孝經注》一卷及文賦數十篇，後人集爲《何晏集》十一卷。《集解》成書於正始間，序末署"光祿大夫關內侯臣孫邕、光祿大夫臣鄭沖、散騎常侍中領軍安鄉亭侯臣曹羲、侍中臣荀顗、尚書駙馬都尉關內侯臣何晏等上"。《隋志》題作"何晏集"，遂啓後世獨稱何晏訟爭之端，

《四庫提要》以爲"晏以親貴總領其事",略近其實。《集解》當爲何晏等五人共作,毋庸紛加臆説。南朝梁時,皇侃就《集解》作疏,兼采江熙所集十三家之説及其他通儒解釋,作《論語義疏》。北宋邢昺又在皇本基礎上剪其枝蔓,敷以義理,成《論語注疏》。二者皆以何晏《集解》爲本作疏,後合刊爲注疏本。南宋時,皇本散佚,至清乾隆間方從日本回傳國內,故元明以還之《十三經注疏》所采即爲邢本。

《集解》書成之後流傳不廢,其最早見錄於《隋志》,題作"《集解論語》十卷,何晏集"。關於其版本源流、存佚及遞藏情況,今擇要概述如下:

該書北宋前一直以鈔本形式單行,刻成於開成二年(公元837年)之唐石經《論語》雖只單刊經文,然上題"何晏集解",可知所據實爲經注本,但刊時病其文繁,故只存序例而刊落注文。五代所刊"長興本"雖以唐石經經文爲底本,但又別取經注本注文附其下,成爲後世宋監本之源頭,爲該書首次雕板。後蜀"廣政石經"《論語》所用亦爲何晏集解本,乃該書首次刻石,惜蜀石經已毀,流傳拓片及出土殘石亦無《論語》相關者。20世紀以來,從敦煌及吐魯番等地出土唐寫本《論語集解》殘卷六十餘件,爲現存最早寫本,較爲接近原貌,李方集爲《敦煌論語集解校證》,具有珍貴的文獻與學術價值。

南宋以降,由於印刷業大興及基於省兩讀之便心理、迎合科舉考試之現實需求等原因,以經注本爲主之局面逐漸打破,衍生出經注附釋文本、注疏合刻本、注疏合刻附釋文本、纂圖互注重言重意本等諸多樣式。今北京大學圖書館藏宋劉氏天香書院刻本《監本纂圖重言重意互注論語》二卷,即是這種趨勢下之官刻產物，而私刻則以廖瑩中世綵堂本《論語集解》十卷影響最著。該書爲經注附釋音本，校勘精審，足稱善本，在《論語》版本史上具有重要地位。其原本雖已不傳，但元初相臺岳氏荆谿家塾本、元旴郡覆宋本皆據世綵堂本翻刻，現分別藏於中國國家圖書館和臺北故宮博物院。兩套覆刻本行款版式如出一轍，足見其皆忠於原本，故廖氏世綵堂本大致原貌賴此二者得以保存。

中國以外，成書於9世紀末之《日本國見在書目錄》已著錄何晏《論語集解》十卷，可知《集解》在唐末以前已傳入日本，但多以鈔本形式流傳。後村上天皇正平十九年（公元1364年）所刊之《論語集解》單經注本十卷，在諸多日鈔本、刊本中最具代表性和影響力，於清初回傳國內，即錢曾《讀書敏求記》所謂之"高麗鈔本"。

清代《論語集解》大多以上述廖氏世綵堂本與日本正平本爲祖本，故而形成兩大系統：《天祿琳瑯叢書》本、《十三經古注》本、《四部備要》本皆屬世綵堂本系統，而《古逸叢書》本、《四部叢刊》本則屬正平本系統。

本次點校，以臺北故宮博物院藏元代覆刻南宋廖氏世綵堂本爲底本，删去音釋，以《四部叢刊》初編景長沙葉氏觀古堂藏日本正平本、阮元校刻嘉慶南昌府學本《十三經注疏》之《論語注疏》爲校本，擇善而從，遇底本顯誤則徑改並出校記說明，爲讀者提供可靠且簡便之讀本。囿於水平，難免錯舛，敬希博雅見教。

虞思徵
二〇一九年十月

整理凡例

一、本書以臺北故宮博物院藏元代覆刻南宋廖氏世綵堂本爲底本，刪去音釋部分，保留正文及各家注文，分卷及條目之前後順序悉從底本。以《四部叢刊》初編景長沙葉氏觀古堂藏日本正平本、阮元校刻嘉慶二十年南昌府學本《十三經注疏》之《論語注疏》爲校本。

一、在校勘過程中，凡底本誤而校本是者改正並出校記，凡底本與校本兩通者出異文校，校記以腳注形式列出；凡底本不誤而校本誤者不出校記。

一、若某一異文在底本與校本之間多次出現，則於首見處出校說明，後不再重復出校。（如底本作"馬曰"而校本作"馬融曰"。）

一、爲盡可能呈現底本原貌，本書對底本中異體字一般予以保留，俗字則改爲正字，明顯訛誤之字逕改並出校記。異體字、通假字、古今字一般於首見處出校說明，後不再重復出校。

一、凡無關文義之虛詞、語氣詞一般不出校。

一、凡底本中的避諱字一律改回本字。

論 語 序

　　敘曰：漢中壘校尉劉向言《魯論語》二十篇，皆孔子弟子記諸善言也。大子大傅夏侯勝[一]、前將軍蕭望之、丞相韋賢及子玄成等傳之。《齊論語》二十二篇，其二十篇中，章句頗多於《魯論》。琅邪王卿及膠東庸生[二]、昌邑中尉王吉，皆以教授[三]。故有《魯論》，有《齊論》。魯共王時[四]，嘗欲以孔子宅爲宮，壞，得《古文論語》。《齊論》有《問王》《知道》，多於《魯論》二篇。《古論》亦無此二篇，分《堯曰》下章《子張問》以爲一篇，有兩《子張》，凡二十一篇。篇次不與《齊》《魯論》同。安昌侯張禹本受《魯論》，兼講《齊》說，善者從之[五]，號曰《張侯論》，爲世所貴。包氏[六]、周氏章句出焉。《古論》唯博士孔安國爲之訓解[七]，而世不傳。至順帝時，南郡太守馬融亦爲之訓説。漢末，大司農鄭玄就《魯論》篇章，考之《齊》《古》，爲之註[八]。近故司空陳羣、大常王肅、博士周生烈，皆爲義説。前世傳受

〔一〕大子大傅夏侯勝　兩"大"字，正平本皆作"太"，不再重復出校。
〔二〕琅邪王卿及膠東庸生　"琅邪"，正平本作"瑯琊"。
〔三〕皆以教授　"教授"，正平本作"教之"。
〔四〕魯共王時　"魯共王"，正平本作"魯恭王"。
〔五〕善者從之　"者"，正平本無。
〔六〕包氏　"包氏"，正平本皆作"苞氏"，不再重復出校。
〔七〕古論唯博士孔安國爲之訓解　"訓解"，正平本作"訓説"。
〔八〕爲之註　正平本"爲"上有"以"字。

師說，雖有異同，不爲訓解，中間爲之訓解，至于今多矣。所見不同，互有得失。今集諸家之善〔一〕，記其姓名，有不安者，頗爲改易，名曰《論語集解》。光禄大夫關内侯臣孫邕、光禄大夫臣鄭沖、散騎常侍中領軍安鄉亭侯臣曹羲、侍中臣荀顗、尚書駙馬都尉關内侯臣何晏等上。

〔一〕今集諸家之善　正平本"善"下有"說"字。

論語卷第一

學而第一

(一·一)

　　子曰："學而時習之，不亦說乎〔一〕？［一］有朋自遠方來，不亦樂乎？［二］人不知而不慍，不亦君子乎？"［三］

　　［一］馬融曰〔二〕："子者，男子之通稱，謂孔子也。"王肅曰〔三〕："時者，學者以時誦習之。誦習以時，學無廢業，所以爲說懌。"
　　［二］苞氏曰："同門曰朋。"
　　［三］慍，怒也。凡人有所不知，君子不怒〔四〕。

(一·二)

　　有子曰：［一］"其爲人也孝弟〔五〕，而好犯上者鮮矣。［二］不好犯上而好作亂者，未之有也。君子務本，本立而道生。［三］孝弟也者，其爲仁之本與？"［四］

　　［一］孔安國曰："弟子有若。"〔六〕
　　［二］鮮，少也。上，謂凡在己上者。言孝弟之人必恭順，好欲犯其上者少也。

〔一〕　不亦説乎　"説"，正平本作"悦"，不再重復出校。
〔二〕　馬融曰　此三字底本原作"馬曰"，據正平本補，不再重復出校。
〔三〕　王肅曰　此三字底本原作"王曰"，據正平本補，不再重復出校。
〔四〕　君子不怒　此四字正平本作"君子不慍也"。
〔五〕　其爲人也孝弟　"弟"，正平本作"悌"，不再重復出校。
〔六〕　孔安國曰弟子有若　"孔安國曰"，底本原作"孔曰"，不再重復出校。此八字阮本作"孔子弟子有若"，阮校云："'孔子'疑'孔曰'之譌。"

［三］本，基也。基立而後可大成。
　　［四］先能事父兄，然後仁道可大成〔一〕。

（一·三）

　　子曰："巧言令色，鮮矣仁。"［一］

　　［一］苞氏曰："巧言，好其言語。令色，善其顔色。皆欲令人説之，少能有仁。"

（一·四）

　　曾子曰：［一］"吾日三省吾身，爲人謀而不忠乎？與朋友交而不信乎？傳不習乎？"［二］

　　［一］馬融曰："弟子曾參。"
　　［二］言凡所傳之事，得無素不講習而傳之。

（一·五）

　　子曰："道千乘之國〔二〕，［一］敬事而信，［二］節用而愛人，［三］使民以時。"［四］

　　［一］馬融曰："道，謂爲政教〔三〕。《司馬法》：'六尺爲步，步百爲畝，畝百爲夫，夫三爲屋，屋三爲井，井十爲通，通十爲成〔四〕，成出革車一乘。'然則千乘之賦，其地千成，居地方

〔一〕 然後仁道可大成　此七字正平本作"然後可乃仁成也"。阮校云："此注皇本作'苞氏曰'，又作'然後仁道可成也'。"
〔二〕 道千乘之國　"道"，正平本作"導"，不再重復出校。
〔三〕 謂爲政教　此四字正平本作"謂爲之政教也"，阮本作"謂爲之政教"。
〔四〕 通十爲成　"成"，正平本作"城"，下同。不再重復出校。

三百一十六里有畸〔一〕，唯公侯之封乃能容之，雖大國之賦亦不是過焉。"苞氏曰："道，治也。千乘之國〔二〕，百里之國也。古者井田，方里爲井，十井爲乘〔三〕。百里之國，適千乘也。"融依《周禮》，包依《王制》《孟子》，義疑，故兩存焉。

［二］苞氏曰："爲國者舉事必敬慎，與民必誠信。"

［三］苞氏曰："節用，不奢侈，國以民爲本，故愛養之。"

［四］苞氏曰："作事使民〔四〕，必以其時，不妨奪農務。"

（一·六）

子曰："弟子，入則孝，出則弟，謹而信，汎愛衆，而親仁。行有餘力，則以學文。"〔一〕

［一］馬融曰："文者，古之遺文。"

（一·七）

子夏曰："賢賢易色，〔一〕事父母能竭其力，事君能致其身，〔二〕與朋友交，言而有信。雖曰未學，吾必謂之學矣。"

［一］孔安國曰："子夏，卜商也〔五〕。言以好色之心好賢則善。"

［二］孔安國曰："盡忠節，不愛其身。"

〔一〕 居地方三百一十六里有畸 "畸"，正平本作"奇"。
〔二〕 千乘之國 "國"下，正平本、阮本並有"者"字。
〔三〕 十井爲乘 此四字正平本作"井十爲乘"。
〔四〕 作事使民 此四字底本原無"事"字，正平本亦無，據阮本補。阮校云："閩本、北監本、毛本'作'下有'事'字。案作'作事使民'文義較明，疏中亦有'事'字。"
〔五〕 卜商也 此三字正平本、阮本並作"弟子卜商也"。

（一·八）

　　子曰："君子不重則不威，學則不固。"〔一〕主忠信，毋友不如己者〔一〕，過則勿憚改。"〔二〕

　　〔一〕孔安國曰："固，蔽也〔二〕。"一曰："言人不能敦重，既無威嚴〔三〕，學又不能堅固，識其義理。"

　　〔二〕鄭玄曰〔四〕："主，親也。憚，難也。"

（一·九）

　　曾子曰："慎終追遠，民德歸厚矣。"〔一〕

　　〔一〕孔安國曰："慎終者，喪盡其哀。追遠者，祭盡其敬。君能行此二者，民化其德，皆歸於厚也〔五〕。"

（一·十）

　　子禽問於子貢曰："夫子至於是邦也，必聞其政，求之與，抑與之與？"〔一〕子貢曰："夫子溫、良、恭、儉、讓以得之。夫子之求之也，其諸異乎人之求之與？"〔二〕

　　〔一〕鄭玄曰："子禽，弟子陳亢也。子貢，弟子，姓端木，名賜〔六〕。亢怪孔子所至之邦必與聞其國政〔七〕，求而得之邪？抑

〔一〕　毋友不如己者　"毋"，正平本作"無"，不再重復出校。
〔二〕　蔽也　"蔽"，正平本作"弊"，不再重復出校。
〔三〕　言人不能敦重既無威嚴　此十字正平本作"言人不能敦重，既無威"。
〔四〕　鄭玄曰　此三字底本原作"鄭曰"，據正平本補，不再重復出校。
〔五〕　君能行……歸於厚也　此十五字正平本作"人君行此二者，民化其德，而皆歸於厚也"。
〔六〕　姓端木名賜　"名賜"下，正平本有"字子貢也"四字。
〔七〕　亢怪孔子所至之邦必與聞其國政　"國政"，正平本作"邦政"。

人君自願與之爲治〔一〕？"

　　〔二〕鄭玄曰："言夫子行此五德而得之，與人求之異，明人君自與之〔二〕。"

(一·十一)

　　子曰："父在觀其志，父没觀其行，〔一〕三年無改於父之道，可謂孝矣。"〔二〕

　　〔一〕孔安國曰："父在，子不得自專，故觀其志而已，父没乃觀其行。"

　　〔二〕孔安國曰："孝子在喪，哀慕猶若父存〔三〕，無所改於父之道。"

(一·十二)

　　有子曰："禮之用，和爲貴。先王之道，斯爲美。小大由之。有所不行，知和而和，不以禮節之，亦不可行也。"〔一〕

　　〔一〕馬融曰："人知禮貴和，而每事從和，不以禮爲節，亦不可行。"

(一·十三)

　　有子曰："信近於義，言可復也。〔一〕恭近於禮，遠恥辱也。〔二〕因不失其親，亦可宗也。"〔三〕

〔一〕抑人君自願與之爲治　此九字正平本作"抑人君自願與爲治也"。
〔二〕明人君自與之　此六字正平本作"明人君自願與爲治也"。
〔三〕哀慕猶若父存　"存"，正平本作"在"。

［一］復，猶覆也。義不必信，信非義也〔一〕。以其言可反覆，故曰近義〔二〕。

［二］恭不合禮〔三〕，非禮也。以其能遠恥辱，故曰近禮〔四〕。

［三］孔安國曰："因，親也。言所親不失其親，亦可宗敬。"

（一·十四）

子曰："君子食無求飽，居無求安，［一］敏於事而慎於言，就有道而正焉，可謂好學也已。"［二］

［一］鄭玄曰："學者之志，有所不暇。"

［二］孔安國曰："敏，疾也。有道，有道德者。正，謂問事是非。"

（一·十五）

子貢曰："貧而無諂，富而無驕，何如？"子曰："可也。［一］未若貧而樂〔五〕，富而好禮者也。"［二］子貢曰："《詩》云：'如切如磋，如琢如磨。'其斯之謂與？"［三］子曰："賜也，始可與言《詩》已矣，告諸往而知來者。"［四］

［一］孔安國曰："未足多。"

［二］鄭玄曰："樂，謂志於道，不以貧為憂苦〔六〕。"

[三] 孔安國曰："能貧而樂道，富而好禮者，能自切磋琢磨。"

〔一〕 信非義也　此四字正平本作"信不必義也"。
〔二〕 故曰近義　此四字正平本作"故曰近於義也"。
〔三〕 恭不合禮　"恭"上，正平本有"苞氏曰"三字。
〔四〕 故曰近禮　此四字正平本作"故曰近於禮也"。
〔五〕 未若貧而樂　"樂"下，正平本有"道"字。
〔六〕 不以貧為憂苦　"貧"下，正平本有"賤"字。

〔四〕孔安國曰:"諸,之也。子貢知引《詩》以成孔子義,善取類,故然之。往,告以貧而樂道;來,荅以切磋琢磨。"

(一·十六)

子曰:"不患人之不己知,患不知人也。"〔一〕

〔一〕王肅曰:"徒患己之無能。"〔一〕

―――――

〔一〕 王肅曰徒患己之無能　正平本、阮本皆無。阮校云:"此節皇本有'王肅曰:但患己之無能知也'十一字注,各本皆脫之。"

爲政第二

(二·一)

　　子曰:"爲政以德,譬如北辰,居其所而衆星共之。"[一]

　　[一] 苞氏曰:"德者無爲,猶北辰之不移而衆星共之〔一〕。"

(二·二)

　　子曰:"《詩》三百,[一] 一言以蔽之,[二] 曰思無邪。"[三]

　　[一] 孔安國曰:"篇之大數。"

　　[二] 苞氏曰:"蔽,猶當也。"

　　[三] 苞氏曰:"歸於正。"

(二·三)

　　子曰:"道之以政,[一] 齊之以刑,[二] 民免而無恥。[三] 道之以德,[四] 齊之以禮,有恥且格。"[五]

　　[一] 孔安國曰:"政,謂法教。"

　　[二] 馬融曰:"齊整之以刑罰。"

　　[三] 孔安國曰:"免,苟免〔二〕。"

　　[四] 苞氏曰:"德,謂道德。"

　　[五] 格,正也。

〔一〕猶北辰之不移而衆星共之　"猶"上,正平本有"譬"字。
〔二〕免苟免　此三字正平本作"苟免罪也"。

18

(二·四)

子曰:"吾十有五而志于學,三十而立,[一]四十而不惑,[二]五十而知天命,[三]六十而耳順,[四]七十而從心所欲不踰矩〔一〕。"[五]

[一] 有所成立〔二〕。
[二] 孔安國曰:"不疑惑。"
[三] 孔安國曰:"知天命之終始。"
[四] 鄭玄曰:"耳聞其言而知其微旨〔三〕。"
[五] 馬融曰:"矩,法也。從心所欲,無非法。"

(二·五)

孟懿子問孝。[一]子曰:"無違。"樊遲御,子告之曰:"孟孫問孝於我,我對曰無違。"[二]樊遲曰:"何謂也?"子曰:"生,事之以禮;死,葬之以禮,祭之以禮。"

[一] 孔安國曰:"魯大夫仲孫何忌。懿,諡也。"
[二] 鄭玄曰:"恐孟孫不曉無違之意〔四〕,將問於樊遲,故告之。樊遲,弟子樊須。"

(二·六)

孟武伯問孝。子曰:"父母唯其疾之憂。"[一]

〔一〕 七十而從心所欲不踰矩 "從",正平本作"縱",注同。
〔二〕 有所成立 此四字正平本作"有所成立也",阮本作"有所成也"。
〔三〕 耳聞其言而知其微旨 此九字正平本作"耳順聞其言而知其微旨也"。
〔四〕 恐孟孫不曉無違之意 "恐",正平本無。

19

〔一〕馬融曰:"武伯,懿子之子仲孫彘。武,諡也。言孝子不妄爲非,唯疾病然後使父母憂。"

(二·七)

子游問孝。〔一〕子曰:"今之孝者,是謂能養。至於犬馬,皆能有養。不敬,何以別乎?"〔二〕

〔一〕孔安國曰:"子游,弟子,姓言名偃。"
〔二〕苞氏曰:"犬以守禦,馬以代勞,皆養人者〔一〕。"一曰:"人之所養,乃至於犬馬,不敬則無以別。《孟子》曰:'食而不愛,豕交之;愛而不敬,獸畜之〔二〕。'"

(二·八)

子夏問孝。子曰:"色難。〔一〕有事弟子服其勞,有酒食先生饌,〔二〕曾是以爲孝乎。"〔三〕

〔一〕苞氏曰:"色難者,謂承順父母顏色爲難〔三〕。"
〔二〕馬融曰:"先生,謂父兄。饌,飲食也。"
〔三〕馬融曰:"孔子喻子夏,服勞、先食,女謂此爲孝乎〔四〕?未孝也〔五〕。承順父母顏色乃爲孝也。"

〔一〕皆養人者 "皆",正平本作"能"。
〔二〕食而不愛……獸畜之 此十四字正平本作"養而弗愛,豕畜也;愛而弗敬也,獸畜也",阮本作"食而不愛,豕畜之;愛而不敬,獸畜之"。
〔三〕謂承順父母顏色爲難 此九字正平本作"謂承望父母顏色乃爲難也",阮本作"謂承順父母顏色乃爲難"。
〔四〕女謂此爲孝乎 "女",正平本、阮本並作"汝",不再重復出校。
〔五〕未孝也 "未"下,正平本有"足爲"二字。

（二·九）

　　子曰："吾與回言終日，不違，如愚。[一] 退而省其私，亦足以發，回也不愚。"[二]

　　[一] 孔安國曰："回，弟子，姓顏，名回〔一〕，字子淵，魯人也。不違者，無所怪問於孔子之言〔二〕，默而識之如愚。"

　　[二] 孔安國曰："察其退還與二三子說釋道義，發明大體，知其不愚。"

（二·十）

　　子曰："視其所以，[一] 觀其所由，[二] 察其所安，人焉廋哉，人焉廋哉？"[三]

　　[一] 以，用也。言視其所行用。
　　[二] 由，經也。言觀其所經從。
　　[三] 孔安國曰："廋，匿也。言觀人終始，安所匿其情〔三〕。"

（二·十一）

　　子曰："溫故而知新，可以爲師矣。"[一]

　　[一] 溫，尋也。尋繹故者，又知新者，可以爲師矣〔四〕。

（二·十二）

　　子曰："君子不器。"[一]

〔一〕 名回　此二字正平本無。
〔二〕 無所怪問於孔子之言　"怪"，正平本作"恠"，不再重復出校。
〔三〕 安所匿其情　此五字正平本作"安有所匿其情也"。
〔四〕 可以爲師矣　"師"上，阮本有"人"字。

〔一〕苞氏曰:"器者各周其用,至於君子,無所不施。"

(二·十三)

子貢問君子。子曰:"先行其言,而後從之。"〔一〕

〔一〕孔安國曰:"疾小人多言而行之不周。"

(二·十四)

子曰:"君子周而不比,小人比而不周。"〔一〕

〔一〕孔安國曰:"忠信爲周,阿黨爲比。"

(二·十五)

子曰:"學而不思則罔,〔一〕思而不學則殆。"〔二〕

〔一〕苞氏曰:"學不尋思其義,則罔然無所得〔一〕。"
〔二〕不學而思,終卒不得,徒使人精神疲殆。

(二·十六)

子曰:"攻乎異端,斯害也已。"〔一〕

〔一〕攻,治也。善道有統,故殊途而同歸〔二〕,異端不同歸也。

(二·十七)

子曰:"由,誨女知之乎?〔一〕知之爲知之,不知爲不

〔一〕學不尋……無所得　此十二字正平本作"學而不尋思其義理,罔然無所得之也"。
〔二〕故殊途而同歸　"途",正平本、阮本並作"塗",不再重復出校。

知，是知也。"

[一] 孔安國曰："弟子〔一〕，姓仲，名由，字子路。"

(二·十八)

子張學干祿。[一] 子曰："多聞闕疑，慎言其餘，則寡尤。[二] 多見闕殆，慎行其餘，則寡悔。[三] 言寡尤，行寡悔，祿在其中矣。"[四]

[一] 鄭玄曰："弟子〔二〕，姓顓孫，名師，字子張。干，求也。祿，祿位。"

[二] 苞氏曰："尤，過也。疑則闕之，其餘不疑，猶慎言之，則少過。"

[三] 苞氏曰："殆，危也。所見危者，闕而不行，則少悔。"

[四] 鄭玄曰："言行如此，雖不得祿，亦同得祿之道〔三〕。"

(二·十九)

哀公問曰："何爲則民服？"[一] 孔子對曰："舉直錯諸枉，則民服；[二] 舉枉錯諸直，則民不服。"

[一] 苞氏曰："哀公，魯君諡〔四〕。"

[二] 苞氏曰："錯，置也。舉正直之人用之〔五〕，廢置邪枉之人，則民服其上。"

〔一〕 弟子 "弟子"上，正平本有"由"字。
〔二〕 弟子 "弟子"上，正平本有"子張"二字。
〔三〕 亦同得祿之道 此六字正平本作"得祿之道也"。
〔四〕 魯君諡 此三字正平本作"魯君之諡也"。
〔五〕 舉正直之人用之 此七字正平本作"舉用正直之人"。

(二·二十)

　　季康子問:"使民敬忠以勸,如之何?"[一]子曰:"臨之以莊則敬,[二]孝慈則忠,[三]舉善而教不能則勸。"[四]

　　[一] 孔安國曰:"魯卿季孫肥。康,謐。"
　　[二] 苞氏曰:"莊,嚴也。君臨民以嚴,則民敬其上。"
　　[三] 苞氏曰:"君能上孝於親,下慈於民,則民忠矣。"
　　[四] 苞氏曰:"舉用善人而教不能者,則民勸勉[一]。"

(二·二十一)

　　或謂孔子曰:"子奚不爲政?"[一]子曰:"《書》云:'孝乎惟孝,友于兄弟,施於有政。'是亦爲政,奚其爲爲政?"[二]

　　[一] 苞氏曰:"或人以爲居位乃是爲政。"
　　[二] 苞氏曰:"孝乎惟孝,美大孝之辭[二]。友于兄弟,善於兄弟。施,行也。所行有政道,即與爲政同[三]。"

(二·二十二)

　　子曰:"人而無信,不知其可也。[一]大車無輗,小車無軏,其何以行之哉?"[二]

　　[一] 孔安國曰:"言人而無信,其餘終無可。"
　　[二] 苞氏曰:"大車,牛車。輗者,轅端橫木以縛軛。小車,駟

─────────

〔一〕 則民勸勉　此四字正平本作"則民勸也"。
〔二〕 美大孝之辭　此五字正平本作"美孝之辭也"。
〔三〕 即與爲政同　此五字正平本作"即是與爲政同也",阮本作"與爲政同"。

24

馬車。軏者，轅端上曲鉤衡〔一〕。"

（二・二十三）

子張問："十世可知也。"[一]子曰："殷因於夏禮，所損益可知也。周因於殷禮，所損益可知也。[二]其或繼周者，雖百世可知也。"[三]

[一] 孔安國曰："文質禮變。"
[二] 馬融曰："所因，謂三綱五常。所損益，謂文質三統。"
[三] 物類相召〔二〕，勢數相生〔三〕，其變有常，故可預知〔四〕。

（二・二十四）

子曰："非其鬼而祭之，諂也。[一]見義不爲，無勇也。"[二]

[一] 鄭玄曰："人神曰鬼。非其祖考而祭之者，是諂以求福也〔五〕。"
[二] 孔安國曰："義所宜爲而不能爲〔六〕，是無勇。"

〔一〕 轅端上曲鉤衡　"鉤衡"，正平本作"拘衡者也"。
〔二〕 物類相召　此四字正平本作"馬融曰：物類相招"。
〔三〕 勢數相生　"勢"，阮本作"世"。
〔四〕 故可預知　"預"，正平本作"豫"。
〔五〕 是諂以求福也　此六字底本原作"是諂求福"，阮本同。據正平本改。
〔六〕 義所宜爲而不能爲　"義所宜爲"，正平本作"義者所宜爲也"。

論語卷第二

八佾第三

(三·一)

　　孔子謂季氏:"八佾舞於庭,是可忍也,孰不可忍也?"[一]

　　[一] 馬融曰:"孰,誰也。佾,列也。天子八佾,諸侯六,卿大夫四,士二。八人爲列,八八六十四人。魯以周公故,受王者禮樂〔一〕,有八佾之舞。季桓子僭於其家廟舞之〔二〕,故孔子譏之。"

(三·二)

　　三家者以《雍》徹。[一]子曰:"'相維辟公,天子穆穆。'奚取於三家之堂?"[二]

　　[一] 馬融曰:"三家〔三〕,謂仲孫、叔孫、季孫。《雍》,《周頌·臣工》篇名。天子祭於宗廟,歌之以徹祭。今三家亦作此樂〔四〕。"
　　[二] 苞氏曰:"辟公,謂諸侯及二王之後也。穆穆,天子之容貌〔五〕。《雍》篇歌此者,有諸侯及二王之後來助祭故也。今三家但家臣而已,何取此義而作之於堂邪?"

(三·三)

　　子曰:"人而不仁如禮何? 人而不仁如樂何?"[一]

〔一〕 受王者禮樂 "禮",正平本作"礼",不再重復出校。
〔二〕 季桓子僭於其家廟舞之 "季桓子"上,正平本有"今"字。"舞",正平本作"儛"。
〔三〕 三家 "家"下,正平本有"者"字。
〔四〕 今三家亦作此樂 "樂"下,正平本有"者也"二字。
〔五〕 天子之容貌 "貌",正平本作"也"。

29

〔一〕苞氏曰:"言人而不仁,必不能行禮樂。"

(三·四)

林放問禮之本。[一]子曰:"大哉問!禮,與其奢也,寧儉。喪,與其易也,寧戚。"[二]

〔一〕鄭玄曰:"林放,魯人。"
〔二〕苞氏曰:"易,和易也。言禮之本意失於奢,不如儉;喪失於和易,不如哀戚。"

(三·五)

子曰:"夷狄之有君,不如諸夏之亡也。"[一]

〔一〕苞氏曰:"諸夏,中國。亡,無也。"

(三·六)

季氏旅於泰山。子謂冉有曰:"女弗能救與?"[一]對曰:"不能。"子曰:"嗚呼!曾謂泰山不如林放乎?"[二]

〔一〕馬融曰:"旅,祭名也。禮,諸侯祭山川在其封內者。今陪臣祭泰山,非禮也。冉有,弟子冉求,時仕於季氏。救,猶止也。"
〔二〕苞氏曰:"神不享非禮,林放尚知問禮[一],泰山之神反不如林放邪?欲誣而祭之。"

(三·七)

子曰:"君子無所爭,必也射乎![一]揖讓而升下,而

─────────
〔一〕林放尚知問禮 "禮"上,正平本無"問"字。

飲，[二]其爭也君子。"[三]

　　[一] 孔安國曰："言於射而後有爭。"
　　[二] 王肅曰："射於堂，升及下皆揖讓而相飲。"
　　[三] 馬融曰："多筭飲少筭，君子之所爭。"

(三·八)
　　子夏問曰："'巧笑倩兮，美目盼兮[一]，素以爲絢兮。'何謂也？"[一]子曰："繪事後素。"[二]曰："禮後乎？"[三]子曰："起予者商也，始可與言《詩》已矣。"[四]

　　[一] 馬融曰："倩，笑貌。盼，動目貌。絢，文貌。上二句在《衛風·碩人》之二章[二]，其下一句逸也。"
　　[二] 鄭玄曰："繪，畫文也。凡繪畫[三]，先布衆色，然後以素分布其間[四]，以成其文。喻美女雖有倩盼美質，亦須禮以成之。"
　　[三] 孔安國曰："孔子言繪事後素，子夏聞而解，知以素喻禮，故曰禮後乎。"
　　[四] 苞氏曰："予，我也。孔子言子夏能發明我意，可與共言《詩》[五]。"

〔一〕 美目盼兮　"盼"，底本原作"盻"，正平本亦同。據阮本及《詩經·衛風·碩人》改。下仿此。阮校云："案《説文》：'盼'，《詩》曰'美目盼兮'，從目，分聲；'盻'，恨視也，從目，兮聲。音義迥别，毛本改從分，是。"
〔二〕 上二句在衛風碩人之二章　"上"上，正平本、阮本並有"此"字。
〔三〕 凡繪畫　"繪畫"，正平本作"畫繪"。
〔四〕 然後以素分布其間　"分"下，正平本無"布"字。
〔五〕 可與共言詩　"詩"下，正平本有"已矣"二字。

(三·九)

子曰:"夏禮,吾能言之,杞不足徵也;殷禮,吾能言之,宋不足徵也。[一]文獻不足故也。足,則吾能徵之矣。"[二]

[一] 苞氏曰:"徵,成也。杞、宋,二國名,夏、殷之後。夏、殷之禮,吾能説之,杞、宋之君不足以成也。"

[二] 鄭玄曰:"獻,猶賢也。我不以禮成之者〔一〕,以此二國之君文章賢才不足故也。"

(三·十)

子曰:"禘自既灌而往者,吾不欲觀之矣。"[一]

[一] 孔安國曰:"禘祫之禮,爲序昭穆,故毁廟之主及群廟之主,皆合食於大祖。灌者,酌鬱鬯灌於大祖,以降神也。既灌之後,別尊卑〔二〕,序昭穆。而魯逆祀,躋僖公,亂昭穆,故不欲觀之。"

(三·十一)

或問禘之説。子曰:"不知也。[一]知其説者之於天下也,其如示諸斯乎!"指其掌。[二]

[一] 孔安國曰:"答以不知者,爲魯諱〔三〕。"

〔一〕 我不以禮成之者　此七字正平本作"我能不以其礼成之者"。
〔二〕 別尊卑　"別",阮本作"列"。
〔三〕 爲魯諱　此三字正平本作"爲魯君諱也"。

〔二〕苞氏曰:"孔子謂或人,言知禘禮之説者,於天下之事,如指示掌中之物〔一〕,言其易了。"

(三・十二)

祭如在,〔一〕祭神如神在。〔二〕子曰:"吾不與祭,如不祭。"〔三〕

〔一〕孔安國曰:"言事死如事生。"

〔二〕孔安國曰:"謂祭百神。"

〔三〕苞氏曰:"孔子或出或病,而不自親祭,使攝者爲之,不致肅敬於心〔二〕,與不祭同。"

(三・十三)

王孫賈問曰:"與其媚於奥,寧媚於竈,何謂也?"〔一〕子曰:"不然,獲罪於天,無所禱也。"〔二〕

〔一〕孔安國曰:"王孫賈,衛大夫。奥,内也,以喻近臣。竈,以喻執政。賈,執政者〔三〕,欲使孔子求昵之,微以世俗之言感動之〔四〕。"

〔二〕孔安國曰:"天,以喻君。孔子拒之曰〔五〕:'如獲罪於天,無所禱於衆神。'"

〔一〕如指示掌中之物 "指示"下,正平本有"以"字。
〔二〕不致肅敬於心 "致"下,正平本無"肅"字。
〔三〕賈執政者 此四字正平本作"賈者,執政者也"。
〔四〕微以世俗之言感動之 "微"上,正平本有"故"字。
〔五〕孔子拒之曰 "拒",正平本作"距",不再重復出校。

(三·十四)

子曰:"周監於二代,郁郁乎文哉!吾從周。"[一]

[一] 孔安國曰:"監,視也。言周文章備於二代,當從之〔一〕。"

(三·十五)

子入大廟,[一] 每事問。或曰:"孰謂鄹人之子知禮乎?入大廟,每事問。"[二] 子聞之曰:"是禮也。"[三]

[一] 苞氏曰:"大廟,周公廟。孔子仕魯,魯祭周公而助祭也。"
[二] 孔安國曰:"鄹,孔子父叔梁紇所治邑。時人多言孔子知禮,或人以爲知禮者不當復問。"
[三] 孔安國曰:"雖知之,當復問,慎之至也。"

(三·十六)

子曰:"射不主皮,[一] 爲力不同科,古之道也。"[二]

[一] 馬融曰:"射有五善焉:一曰和志,體和;二曰和容,有容儀;三曰主皮,能中質;四曰和頌,合《雅》《頌》;五曰興武〔二〕,與舞同。天子三侯,以熊、虎、豹皮爲之,言射者不但以中皮爲善,亦兼取和容也。"
[二] 馬融曰:"爲力,力役之事〔三〕,亦有上、中、下,設三科焉。故曰不同科〔四〕。"

〔一〕 當從之 此三字正平本作"當從周也"。
〔二〕 五曰興武 "武",正平本作"儛"。
〔三〕 力役之事 此四字正平本作"爲力役之事也"。
〔四〕 故曰不同科 "科"下,正平本有"之也"二字。

(三·十七)

　　子貢欲去告朔之餼羊。[一] 子曰:"賜也! 爾愛其羊,我愛其禮。"[二]

　　[一] 鄭玄曰:"牲生曰餼。禮,人君每月告朔於廟,有祭,謂之朝享。魯自文公始不視朔。子貢見其禮廢,故欲去其羊。"
　　[二] 苞氏曰:"羊存猶以識其禮〔一〕,羊亡禮遂廢。"

(三·十八)

　　子曰:"事君盡禮,人以爲諂也。"[一]

　　[一] 孔安國曰:"時事君者多無禮,故以有禮者爲諂。"

(三·十九)

　　定公問:"君使臣,臣事君,如之何?"[一] 孔子對曰:"君使臣以禮,臣事君以忠。"

　　[一] 孔安國曰:"定公,魯君謚。時臣失禮,定公患之,故問之。"

(三·二十)

　　子曰:"《關雎》樂而不淫,哀而不傷。"[一]

　　[一] 孔安國曰:"樂不至淫,哀不至傷〔二〕,言其和也。"

〔一〕 羊存猶以識其禮　此七字正平本作"羊在猶所以識其礼也"。
〔二〕 樂不至淫哀不至傷　此八字正平本作"樂而不至淫,哀而不至傷"。

（三·二十一）

哀公問社於宰我。宰我對曰："夏后氏以松，殷人以柏，周人以栗，曰使民戰栗。"〔一〕子聞之曰："成事不説，〔二〕遂事不諫，〔三〕既往不咎。"〔四〕

〔一〕孔安國曰："凡建邦立社，各以其土所宜之木。宰我不本其意，妄爲之説，因周用栗，便云使民戰栗〔一〕。"

〔二〕苞氏曰："事已成，不可復解説。"

〔三〕苞氏曰："事已遂，不可復諫止。"

〔四〕苞氏曰："事已往，不可復追咎〔二〕。孔子非宰我，故歷言此三者，欲使慎其後。"

（三·二十二）

子曰："管仲之器小哉。"〔一〕或曰："管仲儉乎？"〔二〕曰："管氏有三歸，官事不攝，焉得儉？"〔三〕"然則管仲知禮乎？"〔四〕曰："邦君樹塞門，管氏亦樹塞門。邦君爲兩君之好，有反坫，管氏亦有反坫。〔五〕管氏而知禮，孰不知禮？"

〔一〕言其器量小也。

〔二〕苞氏曰："或人見孔子小之，以爲謂之大儉。"

〔三〕苞氏曰："三歸，娶三姓女。婦人謂嫁曰歸。攝，猶兼也。禮，國君事大，官各有人，大夫兼并〔三〕。今管仲家臣備職，非爲儉。"

〔四〕苞氏曰："或人以儉問，故答以安得儉。或人聞不儉，便謂

〔一〕便云使民戰栗 "栗"下，正平本有"之也"二字。
〔二〕不可復追咎 "追"下，正平本有"非"字。
〔三〕大夫兼并 "兼并"，正平本作"并兼"。

爲知禮〔一〕。"

[五] 鄭玄曰:"反坫,反爵之坫,在兩楹之間。人君別内外〔二〕,於門樹屏以蔽之。若與鄰國爲好會〔三〕,其獻酢之禮更酌,酌畢則各反爵於坫上。今管仲皆僭爲之,如是,是不知禮。"

(三·二十三)

子語魯大師樂,曰:"樂其可知也:始作,翕如也;[一]從之,純如也,[二]皦如也,[三]繹如也,以成。"[四]

[一] 大師,樂官名。五音始奏,翕如盛。
[二] 從讀曰縱,言五音既發,放縱盡其音聲〔四〕。純如〔五〕,和諧也。
[三] 言其音節明也。
[四] 縱之以純如、皦如、繹如,言樂始作翕如〔六〕,而成於三者〔七〕。

(三·二十四)

儀封人請見,[一]曰:"君子之至於斯也〔八〕,吾未嘗不得見也。"從者見之。[二]出曰:"二三子何患於喪乎?天下之

〔一〕 便謂爲知禮　此五字正平本作"更謂爲得礼也"。
〔二〕 人君別内外　此五字正平本作"人君有別外内"。
〔三〕 若與鄰國爲好會　"鄰國"下,正平本有"君"字。
〔四〕 放縱盡其音聲　"音",正平本無。
〔五〕 純如　此二字底本原作"純純",正平本同。據阮本改。阮校云:"皇本'和'上有'如'字。按《史記·孔子世家》集解引此注不重'純'字。按,依文義作'純如'爲宜,據改"。
〔六〕 言樂始作翕如　"作",正平本作"於"。
〔七〕 而成於三者　"者",正平本作"也"。
〔八〕 君子之至於斯也　"也",正平本作"者"。

無道也久矣〔一〕，〔三〕天將以夫子爲木鐸。"〔四〕

[一] 鄭玄曰："儀，蓋衛邑。封人，官名。"
[二] 苞氏曰："從者，弟子隨孔子行者，通使得見。"
[三] 孔安國曰："語諸弟子，言何患於夫子聖德之將喪亡邪？天下之無道也久矣〔二〕，極衰必盛〔三〕。"
[四] 孔安國曰："木鐸，施政教時所振也。言天將命孔子制作法度〔四〕，以號令於天下〔五〕。"

(三·二十五)

子謂《韶》："盡美矣，又盡善也。"〔一〕謂《武》："盡美矣，未盡善也。"〔二〕

[一] 孔安國曰："《韶》，舜樂名，謂以聖德受禪，故盡善〔六〕。"
[二] 孔安國曰："《武》，武王樂也，以征伐取天下，故未盡善〔七〕。"

(三·二十六)

子曰："居上不寬，爲禮不敬，臨喪不哀，吾何以觀之哉？"

〔一〕 天下之無道也久矣 "也"，正平本無。
〔二〕 天下之無道也久矣 "也"，正平本、阮本並作"已"。
〔三〕 極衰必盛 此四字正平本作"極衰必有盛也"。
〔四〕 言天將命孔子制作法度 "作"，正平本無。
〔五〕 以號令於天下 "號"，正平本作"号"。
〔六〕 故盡善 此三字正平本作"故曰盡善也"。
〔七〕 故未盡善 此四字正平本作"故曰未盡善也"。

里仁第四

(四·一)

子曰:"里仁爲美[一],[一]擇不處仁,焉得知[二]?"[二]

[一] 鄭玄曰:"里者,人之所居[三]。居於仁者之里,是爲美。"
[二] 鄭玄曰:"求居而不處仁者之里[四],不得爲有知。"

(四·二)

子曰:"不仁者不可以久處約,[一]不可以長處樂。[二]仁者安仁,[三]知者利仁。"[四]

[一] 孔安國曰:"久困則爲非。"
[二] 孔安國曰:"必驕佚。"
[三] 苞氏曰:"唯性仁者自然體之,故謂安仁。"
[四] 王肅曰:"知仁爲美,故利而行之[五]。"

(四·三)

子曰:"唯仁者能好人,能惡人。"[一]

[一] 孔安國曰:"唯仁者能審人之好惡[六]。"

〔一〕 里仁爲美 "美",正平本作"善",注同。
〔二〕 焉得知 "知",正平本多作"智",不再重復出校。
〔三〕 人之所居 "人",正平本、阮本並作"民"。阮校云:"《文選·潘岳〈閑居賦〉》注引作'人之所居也',當是避唐諱耳。"
〔四〕 求居而不處仁者之里 "求"下,正平本有"善"字。
〔五〕 故利而行之 "而",正平本無。
〔六〕 唯仁者能審人之好惡 "之",正平本無。"之"下,阮本有"所"字。

(四·四)

　　子曰："苟志於仁矣，無惡也。"[一]

　　[一] 孔安國曰："苟，誠也。言誠能志於仁[一]，則其餘終無惡[二]。"

(四·五)

　　子曰："富與貴，是人之所欲也，不以其道得之，不處也。[一] 貧與賤，是人之所惡也，不以其道得之，不去也。[二] 君子去仁，惡乎成名？[三] 君子無終食之間違仁，造次必於是，顛沛必於是。"[四]

　　[一] 孔安國曰："不以其道得富貴，則仁者不處[三]。"
　　[二] 時有否泰，故君子履道而反貧賤。此則不以其道而得之[四]，雖是人之所惡，不可違而去之。
　　[三] 孔安國曰："惡乎成名者，不得成名爲君子。"
　　[四] 馬融曰："造次，急遽。顛沛，偃仆[五]。雖急遽、偃仆，不違仁[六]。"

(四·六)

　　子曰："我未見好仁者，惡不仁者。好仁者，無以尚之。[一] 惡不仁者，其爲仁矣，不使不仁者加乎其身。[二]

────────

〔一〕 言誠能志於仁　"仁"下，正平本有"者"字。
〔二〕 則其餘終無惡　"終"，正平本無。
〔三〕 則仁者不處　此五字正平本作"不處也"。
〔四〕 此則不以其道而得之　"之"下，正平本有"者也"二字。
〔五〕 偃仆　"偃"，正平本作"僵"，下同。阮校云："案《釋文》出'僵'字，云'本今作偃'。"
〔六〕 不違仁　此三字正平本作"不違於仁也"。

有能一日用其力於仁矣乎，我未見力不足者。[三] 蓋有之矣，我未之見也。"[四]

　　[一] 孔安國曰："難復加也。"
　　[二] 孔安國曰："言惡不仁者，能使不仁者不加非義於己，不如好仁者無以尚之爲優〔一〕。"
　　[三] 孔安國曰："言人無能一日用其力脩仁者耳，我未見欲爲仁而力不足者。"
　　[四] 孔安國曰："謙不欲盡誣時人，言不能爲仁，故云爲能有耳，我未之見〔二〕。"

(四·七)

　　子曰："人之過也，各於其黨。觀過，斯知仁矣。"[一]

　　[一] 孔安國曰："黨，黨類。小人不能爲君子之行，非小人之過，當恕而勿責之。觀過，使賢愚各當其所，則爲仁矣。"

(四·八)

　　子曰："朝聞道，夕死可矣。"[一]

　　[一] 言將至死，不聞世之有道。

(四·九)

　　子曰："士志於道，而恥惡衣惡食者，未足與議也。"

〔一〕 不如好仁者無以尚之爲優　"無以尚之爲優"，正平本作"無以加尚爲之優也"。
〔二〕 我未之見　此四字正平本作"其我未見也"。

（四·十）

　　子曰："君子之於天下也，無適也，無莫也，義之與比。"[一]

　　[一] 言君子於天下，無適，無莫，無所貪慕也，唯義之所在也〔一〕。

（四·十一）

　　子曰："君子懷德，[一] 小人懷土；[二] 君子懷刑，[三] 小人懷惠。"[四]

　　[一] 孔安國曰："懷，安也。"
　　[二] 孔安國曰："重遷。"
　　[三] 孔安國曰："安於法。"
　　[四] 苞氏曰："惠，恩惠。"

（四·十二）

　　子曰："放於利而行，[一] 多怨。"[二]

　　[一] 孔安國曰："放，依也。每事依利而行。"
　　[二] 孔安國曰："取怨之道。"

（四·十三）

　　子曰："能以禮讓爲國乎？何有？[一] 不能以禮讓爲國，如禮何？"[二]

　　[一] 何有者，言不難也。

〔一〕 言君子……之所在也　此二十一字底本無，阮本同。據正平本補。

〔二〕苞氏曰："如禮何者，言不能用禮。"

（四·十四）

子曰："不患無位，患所以立。不患莫己知，求爲可知也。"〔一〕

〔一〕苞氏曰："求善道而學行之，則人知己。"

（四·十五）

子曰："參乎！吾道一以貫之。"曾子曰："唯。"〔一〕子出，門人問曰："何謂也？"曾子曰："夫子之道，忠恕而已矣。"〔二〕

〔一〕孔安國曰："直曉不問，故答曰唯。"
〔二〕忠以事上，恕以接下，本一而已，其唯人也〔一〕。

（四·十六）

子曰："君子喻於義，小人喻於利。"〔一〕

〔一〕孔安國曰："喻，猶曉也。"

（四·十七）

子曰："見賢思齊焉，〔一〕見不賢而內自省也。"

〔一〕苞氏曰："思與賢者等。"

〔一〕忠以事上……其唯人也　此十六字正平本、阮本並無。

43

(四·十八)

　　子曰:"事父母幾諫,[一]見志不從,又敬不違,勞而不怨[一]。"[二]

　　[一]苞氏曰:"幾者,微也。當微諫,納善言於父母。"
　　[二]苞氏曰:"見志[二],見父母志有不從己諫之色,則又當恭敬,不敢違父母意而遂己之諫[三]。"

(四·十九)

　　子曰:"父母在,不遠遊[四]。遊必有方。"[一]

　　[一]鄭玄曰:"方,猶常也。"

(四·二十)

　　子曰:"三年無改於父之道,可謂孝矣。"[一]

　　[一]鄭玄曰:"孝子在喪,哀戚思慕,無所改於父之道[五],非心所忍爲。"

(四·二十一)

　　子曰:"父母之年,不可不知也。一則以喜,一則以懼。"[一]

〔一〕勞而不怨 "而",正平本無。
〔二〕見志 "志"下,正平本有"者"字。
〔三〕不敢違父母意而遂己之諫 "遂己之諫",正平本作"遂己諫也"。
〔四〕不遠遊 "不"上,正平本有"子"字。
〔五〕無所改於父之道 此七字正平本作"無改其父之道"。

［一］孔安國曰："見其壽考則喜，見其衰老則懼〔一〕。"

（四·二十二）

子曰："古者言之不出，恥躬之不逮也。"［一］

［一］苞氏曰："古人之言〔二〕，不妄出口〔三〕，爲身行之將不及〔四〕。"

（四·二十三）

子曰："以約失之者鮮矣。"［一］

［一］孔安國曰："俱不得中。奢則驕佚招禍〔五〕，儉約無憂患〔六〕。"

（四·二十四）

子曰："君子欲訥於言而敏於行。"［一］

［一］苞氏曰："訥，遲鈍也。言欲遲而行欲疾〔七〕。"

（四·二十五）

子曰："德不孤，必有鄰。"［一］

［一］方以類聚，同志相求，故必有鄰，是以不孤。

〔一〕 見其衰老則懼　"懼"下，正平本有"之也"二字。
〔二〕 古人之言　此四字正平本作"古之人言"。
〔三〕 不妄出口　"口"下，正平本有"者"字。
〔四〕 爲身行之將不及　"身"上，正平本有"恥其"二字。
〔五〕 奢則驕佚招禍　此六字正平本作"奢則驕溢則招禍"。
〔六〕 儉約無憂患　"儉約"下，正平本有"則"字。
〔七〕 言欲遲而行欲疾　此七字正平本作"言欲遲鈍而行欲敏也"。

(四·二十六)

  <u>子游</u>曰："事君數，斯辱矣。朋友數，斯疏矣[一]。"[一]

[一] 數，謂速數之數。

〔一〕 斯疏矣 "疏"，<u>阮</u>本作"疎"，不再重復出校。

論語卷第三

公冶長第五

(五·一)

　　子謂公冶長："可妻也。雖在縲絏之中〔一〕，非其罪也。"以其子妻之。[一]

　　[一] 孔安國曰："公冶長〔二〕，弟子，魯人也，姓公冶，名長。縲，黑索。絏，攣也。所以拘罪人〔三〕。"

(五·二)

　　子謂南容："邦有道，不廢；邦無道，免於刑戮。"以其兄之子妻之。[一]

　　[一] 王肅曰："南容，弟子南宮縚，魯人也，字子容。不廢，言見用〔四〕。"

(五·三)

　　子謂子賤：[一]"君子哉若人！魯無君子者，斯焉取斯？"[二]

　　[一] 孔安國曰："子賤，魯人，弟子宓不齊〔五〕。"

〔一〕 雖在縲絏之中　"絏"，正平本作"紲"，注同。
〔二〕 公冶長　此三字底本原闕"公"字，據正平本補。
〔三〕 所以拘罪人　此五字正平本作"所以拘於罪人也"。
〔四〕 言見用　此三字正平本作"言見任用也"。
〔五〕 弟子宓不齊　"宓"，正平本作"密"。

[二]苞氏曰："若人者[一]，若此人也。如魯無君子，子賤安得此行而學行之。"

(五·四)

　　子貢問曰："賜也何如[二]？"子曰："女器也。"[一]曰："何器也？"曰："瑚璉也。"[二]

　　　[一]孔安國曰："言女器用之人。"
　　　[二]苞氏曰："瑚璉，黍稷之器。夏曰瑚，殷曰璉，周曰簠簋，宗廟之器貴者[三]。"

(五·五)

　　或曰："雍也仁而不佞。"[一]子曰："焉用佞？禦人以口給，屢憎於人。不知其仁，焉用佞[四]？"[二]

　　　[一]馬融曰："雍，弟子仲弓名，姓冉。"
　　　[二]孔安國曰："屢，數也。佞人口辭捷給，數為人所憎惡[五]。"

(五·六)

　　子使漆彫開仕。對曰："吾斯之未能信。"[一]子說。[二]

　　　[一]孔安國曰："開，弟子，姓漆彫，名開[六]。仕進之道，未能信

―――――――

〔一〕若人者 "者"，正平本無。
〔二〕賜也何如 "何如"，正平本作"如何"。
〔三〕宗廟之器貴者 此六字正平本作"宗廟器之貴者也"。
〔四〕焉用佞……焉用佞 此十九字正平本作"焉用佞也？禦人以給，屢憎民。不知其仁也，焉用佞也"。
〔五〕數為人所憎惡 此六字正平本作"數為民之所憎之也"。
〔六〕姓漆彫名開 此五字正平本作"漆彫，姓也；開，名也"，阮本作"漆彫，姓；開，名"。

者，未能究習。"

［二］鄭玄曰："善其志道深﹝一﹞。"

（五·七）

子曰："道不行，乘桴浮于海。從我者，其由與？"﹝一﹞子路聞之喜。﹝二﹞子曰："由也好勇過我，無所取材。"﹝三﹞

［一］馬融曰："桴，編竹木。大者曰栰，小者曰桴。"
［二］孔安國曰："喜與己俱行。"
［三］鄭玄曰："子路信夫子欲行，故言好勇過我。無所取材者，無所取於桴材﹝二﹞。以子路不解微言，故戲之耳。"一曰："子路聞孔子欲浮海便喜，不復顧望，故孔子歎其勇曰過我。無所取哉﹝三﹞，言唯取於己。古字材、哉同﹝四﹞。"

（五·八）

孟武伯問："子路仁乎？"子曰："不知也。"﹝一﹞又問。子曰："由也，千乘之國，可使治其賦也，﹝二﹞不知其仁也。""求也何如？"子曰："求也，千室之邑，百乘之家，可使爲之宰也。﹝三﹞不知其仁也。""赤也何如？"子曰："赤也，束帶立於朝，可使與賓客言也。﹝四﹞不知其仁也。"

［一］孔安國曰："仁道至大，不可全名。"
［二］孔安國曰："賦，兵賦。"

〔一〕 善其志道深　此五字正平本作"喜其志道之深也"。
〔二〕 無所取於桴材　此六字正平本作"言無所取桴材也"。
〔三〕 無所取哉　"所"下，正平本有"復"字。
〔四〕 古字材哉同　"字"，正平本無。

［三］孔安國曰：“千室之邑，卿大夫之邑。卿大夫稱家。諸侯千乘，大夫百乘〔一〕。宰，家臣。”

［四］馬融曰：“赤，弟子公西華。有容儀，可使爲行人〔二〕。”

（五·九）

子謂子貢曰：“女與回也孰愈？”［一］對曰：“賜也何敢望回？回也聞一以知十，賜也聞一以知二。”子曰：“弗如也，吾與女弗如也。”［二］

［一］孔安國曰：“愈，猶勝也。”

［二］苞氏曰：“既然子貢不如〔三〕，復云吾與女俱不如者，蓋欲以慰子貢也〔四〕。”

（五·十）

宰予晝寢。［一］子曰：“朽木不可彫也，［二］糞土之牆不可杇也〔五〕。［三］於予與何誅？”［四］

［一］苞氏曰〔六〕：“宰予，弟子宰我。”

［二］苞氏曰：“朽，腐也。彫，彫琢刻畫。”

〔一〕 大夫百乘　此四字正平本作“卿大夫故曰百乘也”。
〔二〕 可使爲行人　“人”下，正平本有“之也”二字。
〔三〕 既然子貢不如　“不如”，正平本作“弗如”。
〔四〕 蓋欲以慰子貢也　“子貢”下，正平本有“心”字。
〔五〕 糞土之牆不可杇也　“杇”，正平本、阮本並作“朽”。阮校云：“案《史記·弟子列傳》《漢書·董仲舒傳》俱作‘杇’，蓋《論語》古本作‘杇’，《說文》‘朽所以塗也’，‘杇’當是正字，‘圬’及‘朽’之假借耳。”
〔六〕 苞氏曰　此三字阮本作“孔曰”。阮校云：“案疏述注亦作‘包曰’，今本作‘孔曰’，疑誤。”

論語卷第三　公冶長第五

〔三〕王肅曰："圬，鏝也。此二者喻雖施功猶不成也〔一〕。"
〔四〕孔安國曰："誅，責也。今我當何責於女乎？深責之辭也〔二〕。"

(五·十一)

子曰："始吾於人也，聽其言而信其行；今吾於人也，聽其言而觀其行。於予與改是。"〔一〕

〔一〕孔安國曰："改是，聽言信行〔三〕，更察言觀行〔四〕，發於宰我之晝寢。"

(五·十二)

子曰："吾未見剛者。"或對曰："申棖。"〔一〕子曰："棖也慾，焉得剛？"〔二〕

〔一〕苞氏曰："申棖，魯人。"
〔二〕孔安國曰："慾，多情慾〔五〕。"

(五·十三)

子貢曰："我不欲人之加諸我也，吾亦欲無加諸人。"〔一〕子曰："賜也，非爾所及也。"〔二〕

〔一〕此二者喻雖施功猶不成也　"此"，正平本無。"者"下，阮本有"以"字。
〔二〕深責之辭也　此五字底本原作"深責之"，阮本同。今據正平本改，似於義爲長。
〔三〕聽言信行　"聽"上，正平本有"始"字。
〔四〕更察言觀行　"更"上，正平本有"今"字。
〔五〕多情慾　"慾"下，正平本有"之也"二字。

53

〔一〕馬融曰:"加,陵也〔一〕。"

〔二〕孔安國曰:"言不能止人,使不加非義於己〔二〕。"

(五·十四)

　　子貢曰:"夫子之文章,可得而聞也。〔一〕夫子之言性與天道,不可得而聞也。"〔二〕

〔一〕章,明也,文彩形質著見,可以耳目循〔三〕。

〔二〕性者,人之所受以生也。天道者,元亨日新之道。深微,故不可得而聞也。

(五·十五)

　　子路有聞,未之能行〔四〕,唯恐有聞。〔一〕

〔一〕孔安國曰:"前所聞未及行〔五〕,故恐後有聞,不得並行。"

(五·十六)

　　子貢問曰:"孔文子何以謂之文也?"〔一〕子曰:"敏而好學,不恥下問,是以謂之文也。"〔二〕

〔一〕孔安國曰:"孔文子,衛大夫孔圉。文,謚也。"

〔二〕孔安國曰:"敏者,識之疾也。下問,謂凡在己下者〔六〕。"

〔一〕陵也　"陵",正平本作"凌",不再重復出校。
〔二〕使不加非義於己　"己"下,正平本有"之也"二字。
〔三〕可以耳目循　此五字正平本作"可得以耳目脩也"。
〔四〕未之能行　"之",正平本無。
〔五〕前所聞未及行　"及"下,正平本有"得"字。
〔六〕謂凡在己下者　"謂",正平本作"問"。

（五·十七）

　　子謂子產："有君子之道四焉：[一]其行己也恭，其事上也敬，其養民也惠，其使民也義。"

　[一] 孔安國曰："子產，鄭大夫公孫僑。"

（五·十八）

　　子曰："晏平仲善與人交，久而敬之[一]。"[一]

　[一] 周生烈曰[二]："齊大夫。晏，姓。平，諡。名嬰。"

（五·十九）

　　子曰："臧文仲居蔡，[一]山節藻梲，[二]何如其知也。"[三]

　[一] 苞氏曰："臧文仲，魯大夫臧孫辰。文，諡也。蔡，國君之守龜，出蔡地，因以爲名焉，長尺有二寸。居蔡，僭也。"

　[二] 苞氏曰："節者，栭也，刻鏤爲山。梲者，梁上楹[三]，畫爲藻文。言其奢侈。"

　[三] 孔安國曰："非時人謂之爲知[四]。"

（五·二十）

　　子張問曰："令尹子文，[一]三仕爲令尹，無喜色，三已之，無慍色。舊令尹之政，必以告新令尹，何如？"子

―――――

〔一〕久而敬之 "而"下，正平本有"人"字。
〔二〕周生烈曰 此四字底本原作"周曰"，據正平本補，不再重復出校。
〔三〕梁上楹 "楹"上，正平本有"之"字。
〔四〕非時人謂之爲知 "謂之爲知"，正平本作"謂以爲知之"。

曰:"忠矣。"曰:"仁矣乎?"曰:"未知,焉得仁?"[二]"崔子弑齊君,陳文子有馬十乘,棄而違之。[三]至於他邦,則曰[一]:'猶吾大夫崔子也。'違之。之一邦[二],則又曰:'猶吾大夫崔子也。'違之。何如?"子曰:"清矣。"曰:"仁矣乎?"曰:"未知,焉得仁?"[四]

  [一]孔安國曰:"令尹子文,楚大夫,姓鬭,名縠,字於菟。"

  [二]孔安國曰[三]:但聞其忠事,未知其仁也。

  [三]孔安國曰:"皆齊大夫。崔杼作亂,陳文子惡之,捐其四十匹馬[四],違而去之。"

  [四]孔安國曰:"文子辟惡逆[五],去無道[六],求有道。當春秋時,臣陵其君,皆如崔子,無有可止者[七]。"

(五·二十一)

  季文子三思而後行。子聞之,曰:"再[八],斯可矣。"[一]

  [一]鄭玄曰:"季文子,魯大夫季孫行父。文,謚也。文子忠而有賢行,其舉事寡過,不必及三思[九]。"

〔一〕則曰 "則"下,正平本有"又"字。
〔二〕之一邦 "之",正平本作"至"。
〔三〕孔安國曰 此四字據正平本補。
〔四〕捐其四十匹馬 "其",正平本無。
〔五〕文子辟惡逆 "辟",正平本作"避"。
〔六〕去無道 "去",正平本無。
〔七〕無有可止者 "止者",正平本作"者也"。
〔八〕再 "再"下,正平本有"思"字。
〔九〕不必及三思 "及",底本原作"乃",阮本同。據正平本改。阮校云:"皇本作'不必及三思'。案'及'字是也。"

(五·二十二)

　　子曰："甯武子，[一] 邦有道則知，邦無道則愚。其知可及也，其愚不可及也。"[二]

　　[一] 馬融曰："衛大夫甯俞〔一〕。武，謚也。"
　　[二] 孔安國曰："佯愚似實〔二〕，故曰不可及也。"

(五·二十三)

　　子在陳，曰："歸與！歸與！吾黨之小子狂簡，斐然成章，不知所以裁之。"[一]

　　[一] 孔安國曰："簡，大也。孔子在陳，思歸欲去，故曰〔三〕：'吾黨之小子，狂者進取於大道，妄作穿鑿〔四〕，以成文章，不知所以裁制，我當歸以裁之耳〔五〕。'遂歸。"

(五·二十四)

　　子曰："伯夷、叔齊，不念舊惡，怨是用希。"[一]

　　[一] 孔安國曰："伯夷、叔齊，孤竹君之二子。孤竹，國名。"

(五·二十五)

　　子曰："孰謂微生高直？[一] 或乞醯焉，乞諸其鄰而與之。"[二]

〔一〕 衛大夫甯俞 "甯俞"，正平本作 "甯喻"。
〔二〕 佯愚似實 "佯"，正平本作 "詐"。
〔三〕 故曰 "故"，正平本無。
〔四〕 妄作穿鑿 "作"，正平本無。
〔五〕 我當歸以裁之耳 "裁" 下，正平本有 "制" 字。

［一］孔安國曰："微生，姓，名高，魯人也。"

［二］孔安國曰："乞之四鄰以應求者，用意委曲，非爲直人。醯，醋也〔一〕。"

（五·二十六）

子曰："巧言、令色、足恭，^{［一］}左丘明恥之，丘亦恥之。^{［二］}匿怨而友其人，^{［三］}左丘明恥之，丘亦恥之。"

［一］孔安國曰："足恭，便僻貌。"

［二］孔安國曰："左丘明，魯大史〔二〕。"

［三］孔安國曰："心內相怨而外詐親。"

（五·二十七）

顏淵、季路侍。子曰："盍各言爾志？"子路曰："願車馬、衣輕裘，與朋友共，敝之而無憾。"^{［一］}顏淵曰："願無伐善，^{［二］}無施勞。"^{［三］}子路曰："願聞子之志。"子曰："老者安之，朋友信之，少者懷之。"^{［四］}

［一］孔安國曰："憾，恨也。"

［二］孔安國曰："不自稱己之善〔三〕。"

［三］孔安國曰："不以勞事置施於人〔四〕。"

［四］孔安國曰："懷，歸也〔五〕。"

〔一〕醯醋也 此三字正平本、阮本並無。

〔二〕魯大史 "大史"，正平本作"大夫"。

〔三〕不自稱己之善 "不自"，正平本作"自無"。

〔四〕不以勞事置施於人 "不"，正平本作"無"。

〔五〕孔安國曰懷歸也 此七字正平本無。

（五·二十八）

　　子曰："已矣乎！吾未見能見其過而內自訟者也。"[一]

　　［一］苞氏曰："訟，猶責也。言人有過，莫能自責。"

（五·二十九）

　　子曰："十室之邑，必有忠信如丘者焉，不如丘之好學也[一]。"

［一］不如丘之好學也　"好學"下，正平本有"者"字。

雍也第六

(六·一)

　　子曰："雍也，可使南面。"[一]

　　[一] 苞氏曰："可使南面者，言任諸侯治[一]。"

(六·二)

　　仲弓問子桑伯子。[一] 子曰："可也，簡。"[二] 仲弓曰："居敬而行簡，以臨其民，不亦可乎？[三] 居簡而行簡，無乃大簡乎？"[四] 子曰："雍之言然。"

　　[一] 王肅曰："伯子，書傳無見焉。"
　　[二] 孔安國曰[二]："以其能簡，故曰可也。"
　　[三] 居身敬肅，臨下寬略，則可[三]。
　　[四] 苞氏曰："伯子之簡，大簡。"

(六·三)

　　哀公問："弟子孰爲好學？" 孔子對曰："有顏回者好學，不遷怒，不貳過。不幸短命死矣。今也則亡，未聞好學者也。"[一]

　　[一] 凡人任情，喜怒違理。顏回任道，怒不過分。遷者，移也。

─────────
〔一〕 言任諸侯治　此五字正平本作"言任諸侯可使治國也"。
〔二〕 孔安國曰　此四字正平本無。
〔三〕 居身敬肅臨下寬略則可　"居"上，正平本有"孔安國曰"四字，阮本有"孔曰"二字。

怒當其理，不移易也。不貳過者，有不善未嘗復行。

（六·四）

子華使於齊，冉子爲其母請粟。子曰："與之釜。"[一]請益。曰："與之庾。"[二]冉子與之粟五秉。[三]子曰："赤之適齊也，乘肥馬，衣輕裘。吾聞之也，君子周急不繼富。"[四]

[一] 馬融曰："子華，弟子公西華赤之字。六斗四升曰釜。"
[二] 苞氏曰："十六斗曰庾〔一〕。"
[三] 馬融曰："十六斛曰秉，五秉合爲八十斛。"
[四] 鄭玄曰："非冉有與之大多。"

（六·五）

原思爲之宰，[一]與之粟九百。辭。[二]子曰："毋！[三]以與爾鄰里鄉黨乎。"[四]

[一] 苞氏曰："弟子原憲。思，字也。孔子爲魯司寇，以原憲爲家邑宰。"
[二] 孔安國曰："九百，九百斗。辭，辭讓不受〔二〕。"
[三] 孔安國曰："祿法所得，當受無讓〔三〕。"
[四] 鄭玄曰："五家爲鄰，五鄰爲里，萬二千五百家爲鄉，五百家爲黨。"

〔一〕 十六斗曰庾 "曰"，正平本作"爲"。
〔二〕 辭辭讓不受 此五字正平本作"辭，讓不受也"。
〔三〕 祿法所得當受無讓 此八字正平本作"祿法所當受，毋以讓也"。

（六·六）

子謂仲弓曰："犂牛之子騂且角，雖欲勿用，山川其舍諸？"〔一〕

[一] 犂，雜文。騂，赤色〔一〕。角者，角周正，中犧牲。雖欲以其所生犂而不用，山川寧肯舍之乎？言父雖不善，不害於子之美〔二〕。

（六·七）

子曰："回也，其心三月不違仁，其餘則日月至焉而已矣。"〔一〕

[一] 餘人暫有至仁時，唯回移時而不變。

（六·八）

季康子問："仲由可使從政也與？"子曰："由也果，〔一〕於從政乎何有？"曰："賜也可使從政也與？"曰〔三〕："賜也達，〔二〕於從政乎何有？"曰："求也可使從政也與？"曰〔四〕："求也藝，〔三〕於從政乎何有？"

[一] 苞氏曰："果謂果敢決斷。"
[二] 孔安國曰："達謂通於物理。"
[三] 孔安國曰："藝謂多才藝〔五〕。"

〔一〕 赤色　此二字阮本作"赤也"。
〔二〕 不害於子之美　"於"下，正平本有"其"字。
〔三〕 曰　"曰"上，正平本有"子"字。
〔四〕 曰　"曰"上，正平本有"子"字。
〔五〕 藝謂多才藝　此五字正平本作"藝曰多才能也"。

（六・九）

　　季氏使閔子騫爲費宰。[一] 閔子騫曰："善爲我辭焉。[二] 如有復我者，[三] 則吾必在汶上矣。"[四]

　　［一］孔安國曰："費，季氏邑。季氏不臣，而其邑宰數畔〔一〕，閔子騫賢〔二〕，故欲用之。"

　　［二］孔安國曰："不欲爲季氏宰，語使者〔三〕：善爲我作辭説，令不復召我〔四〕。"

　　［三］孔安國曰："復我者，重來召我。"

　　［四］孔安國曰："去之汶水上，欲北如齊。"

（六・十）

　　伯牛有疾。[一] 子問之，自牖執其手，[二] 曰："亡之，[三] 命矣夫！斯人也而有斯疾也！斯人也而有斯疾也！"[四]

　　［一］馬融曰："伯牛，弟子冉耕。"

　　［二］苞氏曰："牛有惡疾，不欲見人，故孔子從牖執其手。"

　　［三］孔安國曰："亡，喪也。疾甚，故持其手曰喪之。"

　　［四］苞氏曰："再言之者，痛惜之甚。"

（六・十一）

　　子曰："賢哉回也。一簞食，一瓢飲，[一] 在陋巷，人

〔一〕 而其邑宰數畔　"數畔"，正平本作"敉"。
〔二〕 閔子騫賢　"子騫"，正平本作"閔子騫"。
〔三〕 語使者　此三字正平本作"語使者曰"，阮本作"託使者"。
〔四〕 善爲我……不復召我　此十一字正平本作"善爲我作辭説，令不復召我之也"，阮本作"善爲我辭焉，説令不復召我"。

不堪其憂，回也不改其樂。賢哉回也！"〔二〕

[一] 孔安國曰："簞，笥也。瓢，瓠也〔一〕。"

[二] 孔安國曰："顏淵樂道，雖簞食瓢飲〔二〕，在陋巷，不改其所樂。"

(六·十二)

冉求曰〔三〕："非不説子之道，力不足也。"子曰："力不足者，中道而廢。今女畫。"[一]

[一] 孔安國曰："畫，止也。力不足者，當中道而廢，今女自止耳，非力極也。"

(六·十三)

子謂子夏曰："女爲君子儒〔四〕，無爲小人儒。"[一]

[一] 孔安國曰〔五〕："君子爲儒，將以明道；小人爲儒，則矜其名。"

(六·十四)

子游爲武城宰。[一] 子曰："女得人焉耳乎〔六〕？"[二] 曰："有澹臺滅明者，行不由徑，非公事，未嘗至於偃之室也。"[三]

〔一〕瓢瓠也　此三字底本無，阮本同，據正平本補。
〔二〕雖簞食瓢飲　"瓢飲"，正平本、阮本並無。
〔三〕冉求曰　"冉求"，正平本作"冉有"。
〔四〕女爲君子儒　"女"，正平本無。
〔五〕孔安國曰　此四字正平本無。
〔六〕女得人焉耳乎　"乎"下，正平本有"哉"字。

64

［一］包氏曰："武城，魯下邑。"
［二］孔安國曰："焉、耳、乎〔一〕，皆助辭〔二〕。"
［三］包氏曰："澹臺，姓。滅明，名。字子羽。言其公且方。"

（六・十五）

子曰："孟之反不伐，［一］奔而殿，將入門，策其馬，曰：'非敢後也，馬不進也。'"［二］

［一］孔安國曰："魯大夫孟之側。與齊戰，軍大敗。不伐者，不自伐其功。"
［二］馬融曰："殿，在軍後〔三〕。前曰啓，後曰殿。孟之反賢而有勇，軍大奔，獨在後爲殿〔四〕。人迎功之，不欲獨有其名，曰〔五〕：我非敢在後拒敵，馬不能前進。"

（六・十六）

子曰："不有祝鮀之佞，而有宋朝之美，難乎免於今之世矣。"［一］

［一］孔安國曰："佞，口才也。祝鮀，衛大夫子魚也〔六〕，時世貴之。宋朝，宋之美人而善淫〔七〕。言當如祝鮀之佞〔八〕，而反如

〔一〕 焉耳乎 "乎"下，正平本有"哉"字。
〔二〕 皆助辭 "助辭"，正平本作"辞也"，阮本作"辭"。
〔三〕 在軍後 "後"下，正平本有"者也"二字。
〔四〕 獨在後爲殿 此五字正平本作"猶爲殿"。
〔五〕 曰 "曰"上，正平本有"故"字。
〔六〕 衛大夫子魚也 "大夫"下，正平本有"名"字。
〔七〕 宋之美人而善淫 "宋"下，正平本有"國"字。
〔八〕 言當如祝鮀之佞 "之"，正平本無。

65

宋朝之美，難乎免於今之世害也〔一〕。"

（六·十七）

  子曰："誰能出不由戶〔二〕？何莫由斯道也？"［一］

  ［一］孔安國曰："言人立身成功當由道，譬猶出入〔三〕，要當從戶。"

（六·十八）

  子曰："質勝文則野，［一］文勝質則史。［二］文質彬彬，然後君子。"［三］

  ［一］苞氏曰："野，如野人，言鄙略也。"
  ［二］苞氏曰："史者，文多而質少。"
  ［三］苞氏曰："彬彬，文質相半之貌。"

（六·十九）

  子曰："人之生也直，［一］罔之生也幸而免。"［二］

  ［一］馬融曰："言人所生於世而自終者〔四〕，以其正直也〔五〕。"
  ［二］苞氏曰："誣罔正直之道而亦生者〔六〕，是幸而免。"

（六·二十）

  子曰："知之者不如好之者，好之者不如樂之者。"［一］

〔一〕 難乎免於今之世害也　此九字正平本作"難矣免於今世之害也"。
〔二〕 誰能出不由戶　"戶"下，正平本有"者"字。
〔三〕 譬猶出入　"猶"下，正平本有"人"字。
〔四〕 言人所生於世而自終者　"所"，正平本作"之所以"。
〔五〕 以其正直也　"直"下，正平本有"之道"二字。
〔六〕 誣罔正直之道而亦生者　"者"，正平本無。

［一］苞氏曰："學問，知之者不如好之者篤，好之者不如樂之者深〔一〕。"

（六·二十一）

　　子曰："中人以上，可以語上也；中人以下，不可以語上也。"［一］

　　［一］王肅曰："上，謂上知之所知也。兩舉中人，以其可上可下。"

（六·二十二）

　　樊遲問知。子曰："務民之義，［一］敬鬼神而遠之，可謂知矣。"［二］問仁。曰［二］："仁者先難而後獲，可謂仁矣。"［三］

　　［一］王肅曰："務所以化道民之義。"
　　［二］苞氏曰："敬鬼神而不黷〔三〕。"
　　［三］孔安國曰："先勞苦乃後得功〔四〕，此所以爲仁。"

（六·二十三）

　　子曰："知者樂水，［一］仁者樂山。［二］知者動，［三］仁者靜；［四］知者樂，［五］仁者壽。"［六］

　　［一］苞氏曰："知者樂運其才知以治世，如水流而不知已〔五〕。"

〔一〕　好之者不如樂之者深　"好之者"下，正平本有"又"字。
〔二〕　曰　"曰"上，正平本有"子"字。
〔三〕　敬鬼神而不黷　"黷"，正平本作"瀆"。
〔四〕　先勞苦乃後得功　"後"，正平本無。
〔五〕　如水流而不知已　"已"下，正平本有"之也"二字。

67

[二] 仁者樂如山之安固，自然不動而万物生焉。

[三] 苞氏曰："日進故動〔一〕。"

[四] 孔安國曰："無欲故靜。"

[五] 鄭玄曰："知者自役得其志，故樂〔二〕。"

[六] 苞氏曰："性靜者多壽考〔三〕。"

(六·二十四)

子曰："齊一變，至於魯。魯一變，至於道。"[一]

[一] 苞氏曰："言齊、魯有大公、周公之餘化。大公大賢，周公聖人。今其政教雖衰，若有明君興之〔四〕，齊可使如魯，魯可使如大道行之時〔五〕。"

(六·二十五)

子曰："觚不觚，[一] 觚哉！觚哉！"[二]

[一] 馬融曰："觚，禮器。一升曰爵，二升曰觚〔六〕。"

[二] 觚哉觚哉，言非觚也。以喻爲政不得其道則不成〔七〕。

〔一〕 日進故動 "日"，正平本作"自"。
〔二〕 故樂 "樂"下，正平本有"之也"二字。
〔三〕 性靜者多壽考 此六字正平本作"性靜故壽考也"。
〔四〕 若有明君興之 "之"下，正平本有"者"字。
〔五〕 魯可使如大道行之時 "時"下，正平本有"之也"二字。
〔六〕 二升曰觚 "二"，底本原作"三"，據正平本、阮本改。阮校云："案《異義》引《韓詩說》及《儀禮·特牲饋食》、《禮記》注、《周禮·梓人》疏俱云'二升爲觚'。又《廣雅·釋器》亦云'二升曰觚'。皇本作'三'者，字之訛也。"
〔七〕 以喻爲政不得其道則不成 "政"下，正平本有"而"字。

(六・二十六)

　　宰我問曰：“仁者雖告之曰'井有仁焉〔一〕'，其從之也？”[一]子曰：“何爲其然也？君子可逝也，不可陷也；[二]可欺也，不可罔也。”[三]

　　[一]孔安國曰：“宰我以爲仁者必濟人於患難，故問有仁人隋井〔二〕，將自投下從而出之不乎〔三〕？欲極觀仁者憂樂之所至〔四〕。”

　　[二]苞氏曰〔五〕：“逝，往也。言君子可使往視之耳，不肯自投從之。”

　　[三]馬融曰：“可欺者，可使往也。不可罔者，不可得誣罔令自投下。”

(六・二十七)

　　子曰：“君子博學於文，約之以禮，亦可以弗畔矣夫。”[一]

　　[一]鄭玄曰：“弗畔，不違道。”

(六・二十八)

　　子見南子，子路不說。夫子矢之曰：“予所否者，天厭之！天厭之！”[一]

　　[一]孔安國曰：“舊以南子者〔六〕，衛靈公夫人，淫亂，靈公惑

〔一〕井有仁焉　"仁"下，正平本有"者"字。
〔二〕故問有仁人隋井　"隋"，正平本、阮本並作"墮"。
〔三〕將自投下從而出之不乎　"從而出之不乎"，正平本作"而出之乎否乎"。
〔四〕欲極觀仁者憂樂之所至　"仁者"，正平本作"仁人"。
〔五〕苞氏曰　此三字阮本作"孔曰"。
〔六〕舊以南子者　"舊以"，正平本作"等以爲"。

69

之〔一〕。孔子見之者，欲因以說靈公，使行治道。矢，誓也。子路不說，故夫子誓之〔二〕。行道既非婦人之事，而弟子不說，與之呪誓〔三〕，義可疑焉。"

（六·二十九）

子曰："中庸之爲德也，其至矣乎！民鮮久矣。"〔一〕

［一］庸，常也。中和可常行之德。世亂，先王之道廢，民鮮能行此道久矣，非適今。

（六·三十）

子貢曰："如有博施於民而能濟衆〔四〕，何如？可謂仁乎？"子曰："何事於仁，必也聖乎！堯、舜其猶病諸。〔一〕夫仁者，己欲立而立人，己欲達而達人。能近取譬，可謂仁之方也已。"〔二〕

［一］孔安國曰："君能廣施恩惠〔五〕，濟民於患難，堯、舜至聖，猶病其難。"

［二］孔安國曰："更爲子貢說仁者之行。方，道也。但能近取譬於己，皆如己所欲而施之於人〔六〕。"

〔一〕 靈公惑之 "靈公"上，正平本、阮本皆有"而"字。
〔二〕 故夫子誓之 "之"下，正平本有"曰"字。
〔三〕 與之呪誓 "呪"，正平本作"咒"。
〔四〕 如有博施於民而能濟衆 此十字正平本作"如能博施於民而能濟衆者"。
〔五〕 君能廣施恩惠 "君"，正平本作"若"。
〔六〕 皆如己所欲而施之於人 此十字正平本作"皆恕己所不欲而勿施於人之也"，阮本作"皆恕己所欲而施之於人"。

論語卷第四

述而第七

(七·一)

　　子曰:"述而不作,信而好古,竊比於我老彭。"[一]

　　[一] 苞氏曰:"老彭,殷賢大夫,好述古事。我若老彭,但述之耳。"

(七·二)

　　子曰:"默而識之,學而不厭,誨人不倦,何有於我哉?"[一]

　　[一] 鄭玄曰:"人無是行,於我獨有之〔一〕。"

(七·三)

　　子曰:"德之不脩,學之不講,聞義不能徙[二],不善不能改,是吾憂也。"[一]

　　[一] 孔安國曰:"夫子常以此四者爲憂。"

(七·四)

　　子之燕居,申申如也,夭夭如也。[一]

　　[一] 馬融曰:"申申、夭夭,和舒之貌。"

〔一〕 人無是行於我獨有之　此九字正平本作"人無有是行,於我,我獨有之也",阮本作"無是行,於我,我獨有之"。

〔二〕 聞義不能徙 "徙",正平本作"從"。

(七・五)

子曰："甚矣吾衰也，久矣吾不復夢見周公。"[一]

[一] 孔安國曰："孔子衰老，不復夢見周公。明盛時夢見周公，欲行其道。"

(七・六)

子曰："志於道，[一] 據於德，[二] 依於仁，[三] 遊於藝。"[四]

[一] 志，慕也。道不可體，故志之而已〔一〕。
[二] 據，杖也。德有成形，故可據。
[三] 依，倚也。仁者功施於人，故可倚〔二〕。
[四] 藝，六藝也。不足據依，故曰遊。

(七・七)

子曰："自行束脩以上，吾未嘗無誨焉。"[一]

[一] 孔安國曰："言人能奉禮，自行束脩以上，則皆教誨之。"

(七・八)

子曰："不憤不啟，不悱不發。舉一隅不以三隅反〔三〕，則不復也〔四〕。"[一]

[一] 鄭玄曰："孔子與人言，必待其人心憤憤、口悱悱，乃後啟

〔一〕 故志之而已 "而已"下，正平本有"矣也"二字。
〔二〕 故可倚 "倚"下，正平本有"之也"二字。
〔三〕 舉一隅不以三隅反 "舉一隅"下，正平本有"而示之"三字。
〔四〕 則不復也 此四字正平本作"則吾不復"。

發爲説之〔一〕，如此則識思之深也。説則舉一隅以語之，其人不思其類，則不復重教之也。"

(七·九)

　　子食於有喪者之側，未嘗飽也。〔一〕

　　〔一〕喪者哀戚，飽食於其側，是無惻隱之心〔二〕。

(七·十)

　　子於是日哭，則不歌〔三〕。〔一〕

　　〔一〕一日之中，或哭或歌，是褻於禮容〔四〕。

(七·十一)

　　子謂顔淵曰："用之則行，舍之則藏，唯我與爾有是夫。"〔一〕子路曰："子行三軍，則誰與？"〔二〕子曰："暴虎馮河〔五〕，死而無悔者，吾不與也。〔三〕必也臨事而懼，好謀而成者也。"

　　〔一〕孔安國曰："言可行則行，可止則止，唯我與顔淵同〔六〕。"
　　〔二〕孔安國曰："大國三軍。子路見孔子獨美顔淵，以爲己勇〔七〕，

〔一〕乃後啓發爲説之　"爲説之"，正平本作"爲之説也"。
〔二〕是無惻隱之心　"心"下，正平本有"之也"二字。
〔三〕子於是日哭則不歌　"日"下，正平本有"也"字。
〔四〕一日之中……褻於禮容　此十三字正平本無。
〔五〕暴虎馮河　"馮"，正平本作"憑"，注同。
〔六〕唯我與顔淵同　"同"下，正平本有"耳也"二字。
〔七〕以爲己勇　"己"下，正平本有"有"字。

至於夫子爲三軍將，亦當誰與己同〔一〕，故發此問。"

〔三〕孔安國曰："暴虎，徒搏。馮河，徒涉。"

(七‧十二)

子曰："富而可求也，雖執鞭之士，吾亦爲之。〔一〕如不可求，從吾所好。"〔二〕

〔一〕鄭玄曰："富貴不可求而得之〔二〕，當脩德以得之。若於道可求者，雖執鞭賤職，我亦爲之。"

〔二〕孔安國曰："所好者，古人之道。"

(七‧十三)

子之所慎：齊〔三〕、戰、疾。〔一〕

〔一〕孔安國曰："此三者，人所不能慎，而夫子慎之〔四〕。"

(七‧十四)

子在齊聞《韶》〔五〕，三月不知肉味。〔一〕曰："不圖爲樂之至於斯也。"〔二〕

〔一〕周生烈曰："孔子在齊，聞習《韶》樂之盛美，故忽忘於肉味〔六〕。"

―――――――

〔一〕 亦當誰與己同　此六字正平本作"亦當唯有與己俱"。
〔二〕 富貴不可求而得之　"之"，正平本作"者也"。
〔三〕 齊　"齊"，阮本作"齋"。
〔四〕 而夫子慎之　此五字正平本作"而夫子能慎之也"，阮本作"而夫子獨能慎之"。
〔五〕 子在齊聞韶　"韶"下，正平本有"樂"字。
〔六〕 故忽忘於肉味　"忽"，正平本無。

〔二〕王肅曰:"爲,作也。不圖作《韶》樂至於此。此,齊。"

(七·十五)

冉有曰:"夫子爲衛君乎?"〔一〕子貢曰:"諾,吾將問之。"入,曰:"伯夷、叔齊,何人也?"曰:"古之賢人也。"曰:"怨乎?"曰:"求仁而得仁,又何怨〔一〕?"〔二〕出,曰:"夫子不爲也。"〔三〕

〔一〕鄭玄曰〔二〕:"爲,猶助也。衛君者,謂輒也。衛靈公逐大子蒯聵,公薨而立孫輒。後晉趙鞅納蒯聵于戚城,衛石曼姑帥師圍之,故問其意助輒不乎。"

〔二〕孔安國曰:"夷、齊讓國遠去,終於餓死,故問怨邪〔三〕。以讓爲仁,豈有怨乎〔四〕?"

〔三〕鄭玄曰:"父子爭國,惡行。孔子以伯夷、叔齊爲賢且仁,故知不助衛君明矣。"

(七·十六)

子曰:"飯疏食飲水,曲肱而枕之,樂亦在其中矣。〔一〕不義而富且貴,於我如浮雲。"〔二〕

〔一〕孔安國曰:"疏食,菜食。肱,臂也。孔子以此爲樂。"

〔二〕鄭玄曰:"富貴而不以義者,於我如浮雲,非己之有。"

─────────

〔一〕又何怨 "怨"下,正平本有"乎"字。
〔二〕鄭玄曰 此三字正平本作"孔安國曰"。
〔三〕故問怨邪 "邪",正平本作"乎"。
〔四〕豈有怨乎 "有",正平本無。

(七·十七)

　　子曰:"加我數年,五十以學《易》,可以無大過矣。"[一]

　　[一]《易》:"窮理盡性以至於命。"年五十而知天命,以知命之年〔一〕,讀至命之書,故可以無大過。

(七·十八)

　　子所雅言,[一]《詩》《書》、執禮,皆雅言也。[二]

　　[一] 孔安國曰:"雅言,正言也。"
　　[二] 鄭玄曰:"讀先王典法,必正言其音,然後義全,故不可有所諱。禮不誦,故言執。"

(七·十九)

　　葉公問孔子於子路,子路不對。[一] 子曰:"女奚不曰:'其爲人也,發憤忘食,樂以忘憂,不知老之將至云爾。'"

　　[一] 孔安國曰:"葉公,名諸梁,楚大夫。食菜於葉,僭稱公。不對者,未知所以答。"

(七·二十)

　　子曰:"我非生而知之者,好古,敏以求之者也〔二〕。"[一]

　　[一] 鄭玄曰:"言此者,勸人學〔三〕。"

〔一〕 以知命之年 "命"上,正平本有"天"字。
〔二〕 敏以求之者也 "以",正平本作"而"。
〔三〕 勸人學 此三字正平本作"勉人於學也"。

（七·二十一）

　　子不語怪、力、亂、神。[一]

　　[一] 王肅曰[一]："怪，怪異也。力，謂若奡盪舟、烏獲舉千鈞之屬。亂，謂臣弒君、子弒父。神，謂鬼神之事。或無益於教化，或所不忍言。"

（七·二十二）

　　子曰："三人行，必有我師焉[二]。擇其善者而從之，其不善者而改之。"[一]

　　[一] 言我三人行，本無賢愚，擇善從之，不善改之，故無常師。

（七·二十三）

　　子曰："天生德於予，桓魋其如予何？"[一]

　　[一] 苞氏曰："桓魋，宋司馬[三]。天生德者[四]，謂授我以聖性，德合天地[五]，吉無不利，故曰其如予何。"

（七·二十四）

　　子曰："二三子以我爲隱乎[六]？吾無隱乎爾。[一]吾無行而不與二三子者，是丘也。"[二]

〔一〕　王肅曰　此三字正平本作"孔安國曰"。
〔二〕　三人行必有我師焉　此八字正平本作"我三人行，必得我師焉"。
〔三〕　宋司馬　"馬"下，正平本有"黎也"二字。
〔四〕　天生德者　"德"下，正平本有"於予"二字。
〔五〕　德合天地　此四字正平本作"合德天地"。
〔六〕　二三子以我爲隱乎　"隱"下，正平本有"子"字。

[一] 苞氏曰:"二三子,謂諸弟子。聖人知廣道深,弟子學之不能及,以爲有所隱匿,故解之。"

[二] 苞氏曰:"我所爲無不與爾共之者,是丘之心。"

(七·二十五)

　　子以四教:文、行、忠、信。[一]

[一] 四者有形質,可舉以教。

(七·二十六)

　　子曰:"聖人,吾不得而見之矣,得見君子者,斯可矣。"[一] 子曰:"善人,吾不得而見之矣,得見有恒者,斯可矣。亡而爲有,虛而爲盈,約而爲泰,難乎有恒矣。"[二]

[一] 疾世無明君。

[二] 孔安國曰:"難可名之爲有常。"

(七·二十七)

　　子釣而不綱,弋不射宿。[一]

[一] 孔安國曰:"釣者,一竿釣。綱者,爲大綱以橫絕流〔一〕。以繳繫釣,羅屬著綱。弋,繳射也。宿,宿鳥。"

(七·二十八)

　　子曰:"蓋有不知而作之者,我無是也。[一] 多聞,擇

―――

〔一〕爲大綱以橫絕流　"綱",阮本作"網"。

其善者而從之，多見而識之，知之次也〔一〕。"［二］

［一］苞氏曰："時人有穿鑿妄作篇籍者〔二〕，故云然。"
［二］孔安國曰："如此者，次於天生知之。"

（七·二十九）

互鄉難與言，童子見，門人惑。［一］子曰："與其進也，不與其退也，唯何甚？［二］人絜己以進〔三〕，與其絜也，不保其往也。"［三］

［一］鄭玄曰："互鄉，鄉名也。其鄉人言語自專，不達時宜，而有童子來見孔子，門人怪孔子見之。"
［二］孔安國曰："教誨之道，與其進，不與其退。怪我見此童子，惡惡一何甚〔四〕。"
［三］鄭玄曰："往，猶去也。人虛己自絜而來，當與之進，亦何能保其去後之行。"

（七·三十）

子曰："仁遠乎哉？我欲仁，斯仁至矣。"［一］

［一］苞氏曰："仁道不遠，行之即是〔五〕。"

（七·三十一）

陳司敗問："昭公知禮乎？"［一］孔子曰："知禮。"孔

〔一〕 知之次也 "之"，正平本無。
〔二〕 時人有穿鑿妄作篇籍者 "有"上，正平本有"多"字。
〔三〕 人絜己以進 "絜"，正平本作"潔"，下及注同。
〔四〕 惡惡一何甚 此五字正平本作"惡惡何一甚也"。
〔五〕 行之即是 此四字正平本做"行之則是至也"。

子退，揖巫馬期而進之，曰："吾聞君子不黨，君子亦黨乎〔一〕？君取於吳〔二〕，爲同姓，謂之吳孟子。君而知禮，孰不知禮？"〔二〕巫馬期以告。子曰："丘也幸，苟有過，人必知之。"〔三〕

> 〔一〕孔安國曰："司敗，官名，陳大夫。昭公，魯昭公。"
> 〔二〕孔安國曰："巫馬期，弟子，名施。相助匿非曰黨。魯、吳俱姬姓。禮，同姓不昏〔三〕，而君取之，當稱吳姬，諱曰孟子。"
> 〔三〕孔安國曰："以司敗之言告也〔四〕。諱國惡，禮也。聖人道弘〔五〕，故受以爲過。"

(七·三十二)

子與人歌而善，必使反之，而後和之。〔一〕

> 〔一〕樂其善，故使重歌而自和之〔六〕。

(七·三十三)

子曰："文莫吾猶人也。〔一〕躬行君子，則吾未之有得。"〔二〕

> 〔一〕莫，無也。文無者，猶俗言文不也。文不吾猶人者，言凡文皆不勝於人〔七〕。

〔一〕 君子亦黨乎　此五字正平本無。
〔二〕 君取於吳　"取"，正平本作"娶"，注同。
〔三〕 同姓不昏　"昏"，正平本作"婚"。
〔四〕 以司敗之言告也　"之"，正平本無。
〔五〕 聖人道弘　"聖人"下，正平本有"智深"二字。
〔六〕 故使重歌而自和之　"而"下，正平本有"後"字。
〔七〕 言凡文皆不勝於人　"言凡"，阮本作"凡言"。

〔二〕孔安國曰:"身爲君子,己未能也〔一〕。"

(七·三十四)

子曰:"若聖與仁,則吾豈敢?〔一〕抑爲之不厭,誨人不倦,則可謂云爾已矣。"公西華曰:"正唯弟子不能學也。"〔二〕

〔一〕孔安國曰:"孔子謙,不敢自名仁聖。"
〔二〕馬融曰〔二〕:"正如所言,弟子猶不能學,況仁聖乎。"

(七·三十五)

子疾病,子路請禱。〔一〕子曰:"有諸?"〔二〕子路對曰:"有之。《誄》曰:'禱爾于上下神祇。'"〔三〕子曰:"丘之禱久矣。"〔四〕

〔一〕苞氏曰:"禱,禱請於鬼神。"
〔二〕周生烈曰:"言有此禱請於鬼神之事〔三〕。"
〔三〕孔安國曰:"子路失其指〔四〕。《誄》,禱篇名。"
〔四〕孔安國曰:"孔子素行合於神明,故曰丘之禱久矣〔五〕。"

(七·三十六)

子曰:"奢則不孫〔六〕,儉則固。與其不孫也,寧固。"〔一〕

―――――
〔一〕身爲君子己未能也　此八字正平本作"躬爲君子,己未能得之也"。
〔二〕馬融曰　此三字正平本作"苞氏曰"。
〔三〕言有此禱請於鬼神之事　"事"下,正平本有"乎也"二字。
〔四〕子路失其指　"其",正平本、阮本並無。
〔五〕故曰丘之禱久矣　"禱"下,正平本有"之"字。
〔六〕奢則不孫　"孫",正平本作"遜",下同。

83

［一］孔安國曰："俱失之。奢不如儉，奢則僭上，儉不及禮〔一〕。
　　　　　固，陋也。"

(七·三十七)

　　子曰："君子坦蕩蕩，小人長戚戚。"［一］

　　［一］鄭玄曰："坦蕩蕩，寬廣貌。長戚戚，多憂懼〔二〕。"

(七·三十八)

　　子溫而厲，威而不猛，恭而安。

〔一〕 儉不及禮　此四字正平本作"儉則不及禮耳"。
〔二〕 多憂懼　"懼"下，正平本有"貌也"二字。

泰伯第八

(八・一)

子曰："泰伯，其可謂至德也已矣。三以天下讓，民無得而稱焉。"〔一〕

[一] 王肅曰："泰伯，周大王之長子〔一〕。次弟仲雍〔二〕，少弟季歷〔三〕。季歷賢，又生聖子文王昌。昌必有天下，故泰伯以天下三讓於王季，其讓隱，故無得而稱言之者，所以爲至德也。"

(八・二)

子曰："恭而無禮則勞，慎而無禮則葸，〔一〕勇而無禮則亂，直而無禮則絞。〔二〕君子篤於親，則民興於仁；故舊不遺，則民不偷。"〔三〕

[一] 葸，畏懼之貌。言慎而不以禮節之，則常畏懼。

[二] 馬融曰："絞，絞刺也。"

[三] 苞氏曰："興，起也。君能厚於親屬，不遺忘其故舊，行之美者，則民皆化之，起爲仁厚之行，不偷薄。"

(八・三)

曾子有疾，召門弟子曰："啓予足，啓予手。〔一〕《詩》云：'戰戰兢兢，如臨深淵，如履薄冰。'〔二〕而今而後，吾

〔一〕 周大王之長子 "長子"，正平本作"太子"。
〔二〕 次弟仲雍 "弟"，正平本無。
〔三〕 少弟季歷 "弟"下，正平本有"曰"字。

知免夫！小子！"〔三〕

[一] 鄭玄曰："啓，開也。曾子以爲受身體於父母，不敢毀傷，故使弟子開衾而視之。"

[二] 孔安國曰："言此《詩》者，喻己常戒慎〔一〕，恐有所毀傷。"

[三] 周生烈曰："乃今日後〔二〕，我自知免於患難矣。小子，弟子也。呼之者〔三〕，欲使聽識其言。"

(八·四)

曾子有疾，孟敬子問之。[一] 曾子言曰："鳥之將死，其鳴也哀；人之將死，其言也善。[二] 君子所貴乎道者三〔四〕：動容貌，斯遠暴慢矣；正顔色，斯近信矣；出辭氣，斯遠鄙倍矣。[三] 籩豆之事，則有司存。"[四]

[一] 馬融曰："孟敬子，魯大夫仲孫捷。"

[二] 苞氏曰："欲戒敬子，言我將死〔五〕，言善可用。"

[三] 鄭玄曰："此道謂禮也。動容貌，能濟濟蹌蹌，則人不敢暴慢之。正顔色，能矜莊嚴栗，則人不敢欺誕之〔六〕。出辭氣，能順而説之，則無惡戾之言入於耳。"

[四] 苞氏曰："敬子忽大務小〔七〕，故又戒之以此。籩豆，禮器。"

〔一〕 喻己常戒慎　"戒"，正平本作"誡"。
〔二〕 乃今日後　"日"下，正平本有"而"字。
〔三〕 呼之者　"之"，正平本無。
〔四〕 君子所貴乎道者三　"乎"，正平本無。
〔五〕 言我將死　"將"下，正平本有"且"字。
〔六〕 則人不敢欺誕之　"欺誕"，阮本作"欺詐"。
〔七〕 敬子忽大務小　"忽"，正平本作"忘"。

86

（八·五）

　　曾子曰："以能問於不能，以多問於寡，有若無，實若虛，犯而不校。[一]昔者吾友嘗從事於斯矣。"[二]

　　[一] 苞氏曰："校，報也。言見侵犯不報〔一〕。"

　　[二] 馬融曰："友，謂顏淵。"

（八·六）

　　曾子曰："可以託六尺之孤，[一]可以寄百里之命，[二]臨大節而不可奪也。[三]君子人與？君子人也。"

　　[一] 孔安國曰："六尺之孤，幼少之君〔二〕。"

　　[二] 孔安國曰："攝君之政令。"

　　[三] 大節，安國家，定社稷。奪，不可傾奪〔三〕。

（八·七）

　　曾子曰："士不可以不弘毅，任重而道遠。[一]仁以爲己任，不亦重乎？死而後已，不亦遠乎？"[二]

　　[一] 苞氏曰："弘，大也。毅，強而能斷也〔四〕。士弘毅，然後能負重任、致遠路。"

　　[二] 孔安國曰："以仁爲己任，重莫重焉。死而後已，遠莫遠焉。"

〔一〕 言見侵犯不報　此六字正平本作"言見侵犯而不報之也"。
〔二〕 幼少之君　此四字正平本作"謂幼少之君也"。
〔三〕 不可傾奪　"奪"下，正平本有"之也"二字。
〔四〕 強而能斷也　"斷"上，正平本有"決"字。

(八·八)

　　子曰："興於《詩》,[一] 立於禮,[二] 成於樂。"[三]

　　[一] 苞氏曰："興,起也。言脩身當先學《詩》。"
　　[二] 苞氏曰："禮者,所以立身。"
　　[三] 苞氏曰〔一〕："樂,所以成性。"

(八·九)

　　子曰："民可使由之,不可使知之。"[一]

　　[一] 由,用也。可使用而不可使知者,百姓能日用而不能知。

(八·十)

　　子曰："好勇疾貧,亂也。[一] 人而不仁,疾之已甚,亂也。"[二]

　　[一] 苞氏曰："好勇之人而患疾己貧賤者,必將爲亂。"
　　[二] 苞氏曰〔二〕："疾惡大甚,亦使其爲亂。"

(八·十一)

　　子曰："如有周公之才之美,使驕且吝[三],其餘不足觀也已。"[一]

　　[一] 孔安國曰："周公〔四〕,周公旦。"

〔一〕 苞氏曰　此三字正平本作"孔安國曰"。
〔二〕 苞氏曰　此三字正平本作"孔安國曰"。
〔三〕 使驕且吝　"吝",正平本作"悋"。
〔四〕 周公　"周公"下,正平本有"者"字。

88

（八·十二）

子曰："三年學，不至於穀，不易得也。"〔一〕

〔一〕孔安國曰："穀，善也。言人三歲學，不至於善，不可得。言必無也〔一〕，所以勸人學〔二〕。"

（八·十三）

子曰："篤信好學，守死善道。危邦不入，亂邦不居。天下有道則見，無道則隱。〔一〕邦有道，貧且賤焉，恥也。邦無道，富且貴焉，恥也。"

〔一〕苞氏曰："言行當常然。危邦不入，始欲往〔三〕。亂邦不居，今欲去。亂，謂臣弒君、子弒父〔四〕。危者，將亂之兆。"

（八·十四）

子曰："不在其位，不謀其政。"〔一〕

〔一〕孔安國曰："欲各專一於其職。"

（八·十五）

子曰："師摯之始，《關雎》之亂，洋洋乎盈耳哉！"〔一〕

〔一〕鄭玄曰："師摯，魯大師之名。始，猶首也。周道衰微，鄭、衛之音作，正樂廢而失節。魯大師摯識《關雎》之聲，而首

〔一〕 言必無也 "無"下，正平本有"及"字。
〔二〕 所以勸人學 "人"下，正平本有"於"字。
〔三〕 始欲往 此三字正平本作"謂始欲往也"。
〔四〕 亂謂臣弒君子弒父 此八字正平本作"臣弒君、子弒父，乱也"。

89

理其亂者〔一〕，洋洋盈耳〔二〕，聽而美之。"

(八·十六)

子曰："狂而不直，[一] 侗而不愿，[二] 悾悾而不信，[三] 吾不知之矣。"[四]

[一] 孔安國曰："狂者進取，宜直。"
[二] 孔安國曰："侗，未成器之人，宜謹愿。"
[三] 苞氏曰："悾悾，愨也〔三〕，宜可信。"
[四] 孔安國曰："言皆與常度反，我不知之〔四〕。"

(八·十七)

子曰："學如不及，猶恐失之。"[一]

[一] 學自外入，至熟乃可長久。如不及，猶恐失之〔五〕。

(八·十八)

子曰："巍巍乎！舜、禹之有天下也，而不與焉。"[一]

[一] 美舜、禹也。言己不與求天下而得之〔六〕。巍巍者，高大之稱。

(八·十九)

子曰："大哉堯之為君也！巍巍乎！唯天為大，唯堯則

〔一〕 而首理其亂者 "者"，正平本、阮本並無。
〔二〕 洋洋盈耳 此四字正平本作 "洋洋乎盈耳哉"，阮本作 "有洋洋盈耳"。
〔三〕 愨也 此二字正平本作 "愨愨也"。
〔四〕 我不知之 此四字正平本作 "故我不知也"。
〔五〕 猶恐失之 "之"下，正平本有 "耳也" 二字。
〔六〕 言己不與求天下而得之 "言"，正平本無。

之。[一]蕩蕩乎，民無能名焉！[二]巍巍乎，其有成功也！[三]煥乎其有文章！"[四]

　　[一] 孔安國曰："則，法也。美堯能法天而行化。"
　　[二] 苞氏曰："蕩蕩，廣遠之稱。言其布德廣遠，民無能識其名焉〔一〕。"
　　[三] 功成化隆，高大巍巍。
　　[四] 煥，明也。其立文垂制又著明〔二〕。

(八·二十)

　　舜有臣五人而天下治。[一]武王曰："予有亂臣十人。"[二]孔子曰："才難，不其然乎？唐、虞之際，於斯爲盛。有婦人焉，九人而已。[三]三分天下有其二，以服事殷。周之德〔三〕，其可謂至德也已矣〔四〕。"[四]

　　[一] 孔安國曰："禹、稷、契、皋陶、伯益。"
　　[二] 馬融曰〔五〕："亂，治也。治官者十人〔六〕。謂周公旦、召公奭、大公望、畢公、榮公、大顛、閎夭、散宜生、南官适。其一人謂文母〔七〕。"
　　[三] 孔安國曰："唐者，堯號。虞者，舜號。際者，堯、舜交會

〔一〕 民無能識其名焉　"其"，正平本無。
〔二〕 其立文垂制又著明　"又"，正平本作"復"。
〔三〕 周之德　"之"，正平本無。
〔四〕 其可謂至德也已矣　"其"，阮本無。
〔五〕 馬融曰　此三字正平本作"孔安國曰"。
〔六〕 亂治也治官者十人　此八字正平本作"亂，理也。理官者十人也"。
〔七〕 其一人謂文母　"其"下，正平本有"餘"字。

91

之間。斯，此也〔一〕。言堯、舜交會之間，比於周〔二〕，周最盛，多賢才〔三〕，然尚有一婦人，其餘九人而已。大才難得，豈不然乎？"

［四］苞氏曰："殷紂淫亂，文王爲西伯而有聖德，天下歸周者三分有二〔四〕，而猶以服事殷，故謂之至德。"

(八‧二十一)

子曰："禹，吾無間然矣。〔一〕菲飲食而致孝乎鬼神，〔二〕惡衣服而致美乎黻冕，〔三〕卑宮室而盡力乎溝洫。〔四〕禹，吾無間然矣。"

［一］孔安國曰："孔子推禹功德之盛美〔五〕，言己不能復間廁其間。"
［二］馬融曰："菲，薄也。致孝鬼神〔六〕，祭祀豐潔。"
［三］孔安國曰："損其常服，以盛祭服。"
［四］苞氏曰："方里爲井，井間有溝，溝廣深四尺。十里爲成，成間有洫，洫廣深八尺。"

〔一〕 此也 "也"下，正平本有"此於周也"。
〔二〕 比於周 "於"下，正平本有"此"字。
〔三〕 多賢才 "才"，正平本無。
〔四〕 天下歸周者三分有二 "歸"上，正平本有"之"字。
〔五〕 孔子推禹功德之盛美 "美"，正平本無。
〔六〕 致孝鬼神 "孝"下，正平本有"乎"字。

論語卷第五

子罕第九

(九·一)

　　子罕言利與命與仁。[一]

　　[一] 罕者，希也。利者，義之和也。命者，天之命也。仁者，行之盛也。寡能及之，故希言也。

(九·二)

　　達巷黨人曰："大哉孔子！博學而無所成名。"[一] 子聞之，謂門弟子曰："吾何執？執御乎？執射乎？吾執御矣。"[二]

　　[一] 鄭玄曰："達巷者，黨名也。五百家爲黨。此黨之人，美孔子博學道藝，不成一名而已。"

　　[二] 鄭玄曰："聞人美之，承之以謙〔一〕。吾執御者，欲名六藝之卑。"

(九·三)

　　子曰："麻冕，禮也。今也純，儉，吾從衆。[一] 拜下，禮也。今拜乎上，泰也。雖違衆，吾從下。"[二]

　　[一] 孔安國曰："冕，緇布冠也，古者績麻三十升布以爲之。純，絲也。絲易成，故從儉。"

〔一〕 承之以謙　此四字正平本作"承以謙也"。

〔二〕王肅曰："臣之與君行禮者，下拜，然後升成禮。時臣驕泰，故於上拜。今從下，禮之恭也。"

(九·四)

子絕四：毋意，〔一〕毋必，〔二〕毋固，〔三〕毋我。〔四〕

〔一〕以道爲度，故不任意。
〔二〕用之則行，舍之則藏，故無專必。
〔三〕無可無不可，故毋固行。
〔四〕述古而不自作，處群萃而不自異，唯道是從，故不有其身〔一〕。

(九·五)

子畏於匡，〔一〕曰："文王既没，文不在兹乎？〔二〕天之將喪斯文也，後死者不得與於斯文也。〔三〕天之未喪斯文也，匡人其如予何？"〔四〕

〔一〕苞氏曰："匡人誤圍夫子，以爲陽虎。陽虎嘗暴於匡，夫子弟子顏尅時又與虎俱行〔二〕。後尅爲夫子御，至於匡。匡人相與共識尅，又夫子容貌與虎相似，故匡人乃以兵圍之。"
〔二〕孔安國曰："兹，此也。言文王雖已死〔三〕，其文見在此。此，自謂其身〔四〕。"

───────────

〔一〕 故不有其身　此五字正平本作 "故不自有其身也"。
〔二〕 夫子弟子顏尅時又與虎俱行　"行"，正平本作 "往"。
〔三〕 言文王雖已死　"死"，正平本作 "没"。
〔四〕 自謂其身　此四字正平本作 "此自此其身也"。

［三］孔安國曰："文王既没，故孔子自謂後死。言天將喪此文者，本不當使我知之。今使我知之，未欲喪也〔一〕。"

［四］馬融曰："其如予何者〔二〕，猶言奈我何也。天之未喪此文，則我當傳之。匡人欲奈我何，言其不能違天以害己。"

(九・六)

大宰問於子貢曰："夫子聖者與？何其多能也？"〔一〕子貢曰："固天縱之將聖，又多能也。"〔二〕子聞之，曰："大宰知我乎〔三〕！吾少也賤，故多能鄙事。君子多乎哉？不多也。"〔三〕

［一］孔安國曰："大宰，大夫官名，或吳或宋，未可分也。疑孔子多能於小藝。"

［二］孔安國曰："言天固縱大聖之德〔四〕，又使多能。"

［三］苞氏曰："我少小貧賤，常自執事，故多能爲鄙人之事。君子固不當多能。"

(九・七)

牢曰："子云：'吾不試，故藝。'"〔一〕

［一］鄭玄曰："牢，弟子子牢也。試，用也。言孔子自云我不見用，故多技藝〔五〕。"

〔一〕 今使我知之未欲喪也　此九字正平本作"今使我知，未欲喪之"。
〔二〕 其如予何者　"其"，正平本無。
〔三〕 大宰知我乎　"我"，正平本下有"者"字。
〔四〕 言天固縱大聖之德　"縱"下，正平本有"之"字。
〔五〕 故多技藝　此四字正平本作"故多能伎藝也"。

(九·八)

　　子曰："吾有知乎哉？無知也。"[一] 有鄙夫問於我，空空如也。我叩其兩端而竭焉。"[二]

　　[一] 知者，知意之知也。知者言未必盡[一]，今我誠盡。
　　[二] 孔安國曰："有鄙夫來問於我，其意空空然。我則發事之終始兩端以語之，竭盡所知，不爲有愛。"

(九·九)

　　子曰："鳳鳥不至，河不出圖，吾已矣夫。"[一]

　　[一] 孔安國曰："聖人受命[二]，則鳳鳥至、河出圖。今天無此瑞。吾已矣夫者，傷不得見也[三]。河圖，八卦是也。"

(九·十)

　　子見齊衰者、冕衣裳者與瞽者，[一] 見之，雖少，必作；過之，必趨。[二]

　　[一] 苞氏曰："冕者，冠也[四]，大夫之服。瞽，盲也[五]。"
　　[二] 苞氏曰："作，起也。趨，疾行也。此夫子哀有喪，尊在位，恤不成人[六]。"

〔一〕知者言未必盡　"知"上，正平本有"言"字。
〔二〕聖人受命　"聖"上，正平本有"有"字。
〔三〕傷不得見也　"傷"，正平本無。
〔四〕冕者冠也　此四字正平本作"冕者，冕冠也"。
〔五〕瞽盲也　此三字正平本作"瞽者，盲也"。
〔六〕恤不成人　"人"下，正平本有"之也"二字。

(九·十一)

　　顏淵喟然歎曰[一]：[一]"仰之彌高，鑽之彌堅。[二]瞻之在前，忽焉在後。[三]夫子循循然善誘人，[四]博我以文，約我以禮。欲罷不能，既竭吾才，如有所立卓爾。雖欲從之，末由也已。"[五]

〔一〕喟，歎聲[二]。
〔二〕言不可窮盡。
〔三〕言恍惚不可爲形象[三]。
〔四〕循循，次序貌。誘，進也。言夫子正以此道進勸人有次序[四]。
〔五〕孔安國曰："言夫子既以文章開博我，又以禮節節約我，使我欲罷而不能。已竭我才矣，其有所立，則又卓然不可及。言己雖蒙夫子之善誘，猶不能及夫子之所立。"

(九·十二)

　　子疾病，[一]子路使門人爲臣。[二]病間，曰："久矣哉，由之行詐也。無臣而爲有臣，吾誰欺，欺天乎？[三]且予與其死於臣之手也，無寧死於二三子之手乎！[四]且予縱不得大葬，[五]予死於道路乎？"[六]

〔一〕苞氏曰："疾甚曰病。"

────────

〔一〕顏淵喟然嘆曰　"嘆"，正平本、阮本並作"歎"。
〔二〕喟歎聲　此三字正平本作"喟然，歎聲也"。
〔三〕言恍惚不可爲形象　此八字正平本作"言忽怳不可爲形像也"。
〔四〕言夫子正以此道進勸人有次序　"進勸人有次序"，正平本作"勸進人有次序也"，阮本作"進勸人有所序"。

99

〔二〕鄭玄曰："孔子嘗爲大夫，故子路欲使弟子行其臣之禮。"

〔三〕孔安國曰："少差日間〔一〕，言子路久有是心，非今日也〔二〕。"

〔四〕馬融曰："無寧，寧也。二三子，門人也。就使我有臣而死其手，我寧死於弟子之手乎〔三〕！"

〔五〕孔安國曰："君臣禮葬。"

〔六〕馬融曰："就使我不得以君臣禮葬〔四〕，有二三子在，我寧當憂棄於道路乎？"

(九·十三)

子貢曰："有美玉於斯，韞匵而藏諸？求善賈而沽諸？"〔一〕子曰："沽之哉！沽之哉！我待賈者也。"〔二〕

〔一〕馬融曰："韞，藏也。匵，匱也。謂藏諸匵中。沽，賣也，得善賈，寧肯賣之邪〔五〕？"

〔二〕苞氏曰："沽之哉，不衒賣之辭。我居而待賈〔六〕。"

(九·十四)

子欲居九夷。〔一〕或曰："陋，如之何？"子曰："君子居之，何陋之有？"〔二〕

〔一〕馬融曰："九夷，東方之夷有九種。"

〔一〕少差日間 "少差"，正平本作"病小差"。
〔二〕言子路……非今日也 此十一字正平本作"言子路有是心，非唯今日也"。
〔三〕我寧死於弟子之手乎 "於"，正平本無。
〔四〕就使我不得以君臣禮葬 此十字正平本作"就使之不得以君臣之禮葬"。
〔五〕寧肯賣之邪 此五字正平本作"寧賣之耶也"。
〔六〕我居而待賈 "賈"下，正平本有"者也"二字。

［二］馬融曰："君子所居則化〔一〕。"

(九・十五)

　　子曰："吾自衛反魯〔二〕，然後樂正，《雅》《頌》各得其所。"［一］

　　［一］鄭玄曰："反魯，魯哀公十一年冬。是時道衰樂廢，孔子來還，乃正之，故《雅》《頌》各得其所〔三〕。"

(九・十六)

　　子曰："出則事公卿，入則事父兄，喪事不敢不勉，不爲酒困，何有於我哉？"［一］

　　［一］馬融曰："困，亂也。"

(九・十七)

　　子在川上曰："逝者如斯夫！不舍晝夜。"［一］

　　［一］苞氏曰："逝，往也。言凡往者如川之流。"

(九・十八)

　　子曰："吾未見好德如好色者也。"［一］

　　［一］疾時人薄於德而厚於色，故發此言。

〔一〕君子所居則化　此六字正平本作"君子所居者，皆化也"。
〔二〕吾自衛反魯　"反"下，正平本有"於"字。
〔三〕故雅頌各得其所　"故"下，正平本有"曰"字。

(九·十九)

子曰:"譬如爲山,未成一簣,止,吾止也。[一]譬如平地,雖覆一簣,進,吾往也。"[二]

[一] 苞氏曰:"簣,土籠也。此勸人進於道德。爲山者,其功雖已多,未成一籠而中道止者,我不以其前功多而善之,見其志不遂,故不與也。"

[二] 馬融曰:"平地者,將進加功,雖始覆一簣,我不以其功少而薄之〔一〕,據其欲進而與之。"

(九·二十)

子曰:"語之而不惰者,其回也與?"[一]

[一] 顏淵解〔二〕,故語之而不惰〔三〕。餘人不解,故有惰語之時。

(九·二十一)

子謂顏淵曰:"惜乎!吾見其進也,未見其止也。"[一]

[一] 苞氏曰:"孔子謂顏淵進益未止,痛惜之甚。"

(九·二十二)

子曰:"苗而不秀者有矣夫,秀而不實者有矣夫。"[一]

[一] 孔安國曰:"言萬物有生而不育成者,喻人亦然。"

〔一〕 我不以其功少而薄之 "其"下,正平本有"見"字。
〔二〕 顏淵解 "解"上,正平本有"則"字。
〔三〕 故語之而不惰 "而",正平本無。

(九·二十三)

子曰:"後生可畏,焉知來者之不如今也。[一]四十、五十而無聞焉,斯亦不足畏也已[一]。"

[一]後生,謂年少。

(九·二十四)

子曰:"法語之言,能無從乎?改之爲貴。[一]巽與之言,能無説乎?繹之爲貴。[二]説而不繹,從而不改,吾末如之何也已矣。"

[一]孔安國曰:"人有過,以正道告之,口無不順從之,能必自改之[二],乃爲貴[三]。"
[二]馬融曰:"巽,恭也。謂恭遜謹敬之言[四],聞之無不説者[五],能尋繹行之,乃爲貴。"

(九·二十五)

子曰:"主忠信,毋友不如己者,過則勿憚改。"[一]

[一]慎所主友[六],有過務改,皆所以爲益。

〔一〕斯亦不足畏也已 "已"下,正平本有"矣"字,阮本亦據補。阮校云:"皇本、高麗本'已'下有'矣'字,是也。"
〔二〕能必自改之 此五字正平本作"能必改"。
〔三〕乃爲貴 "貴"下,正平本有"也矣"二字。
〔四〕謂恭遜謹敬之言 "遜",正平本作"巽",阮本作"孫"。
〔五〕聞之無不説者 "者",正平本作"也"。
〔六〕慎所主友 此四字正平本作"慎其所主所友"。

103

(九・二十六)

  子曰："三軍可奪帥也，匹夫不可奪志也。"[一]

 [一] 孔安國曰："三軍雖衆，人心不一〔一〕，則其將帥可奪而取之〔二〕。匹夫雖微，苟守其志，不可得而奪也。"

(九・二十七)

  子曰："衣敝縕袍〔三〕，與衣狐貉者立而不恥者，其由也與？[一]'不忮不求，何用不臧？'"[二] 子路終身誦之。子曰："是道也，何足以臧？"[三]

 [一] 孔安國曰："縕，枲著。"
 [二] 馬融曰："忮，害也。臧，善也。言不忮害、不貪求，何用爲不善。疾貪惡忮害之詩。"
 [三] 馬融曰："臧，善也。尚復有美於是者，何足以爲善？"

(九・二十八)

  子曰："歲寒，然後知松柏之後彫也〔四〕。"[一]

 [一] 大寒之歲，衆木皆死，然後知松柏不彫傷〔五〕；平歲則衆木亦有不死者，故須歲寒而後別之。喻凡人處治世亦能自脩整，與君子同；在濁世，然後知君子之正不苟容。

〔一〕 人心不一 "不"，正平本作 "非"。
〔二〕 則其將帥可奪而取之 "奪而取之"，正平本作 "奪之而取"。
〔三〕 衣敝縕袍 "敝"，正平本作 "弊"。
〔四〕 然後知松柏之後彫也 "柏"，正平本、阮本並作 "栢"，注同。
〔五〕 然後知松柏不彫傷 "不"，正平本、阮本並作 "小"。

(九·二十九)

子曰:"知者不惑,[一]仁者不憂,[二]勇者不懼。"

[一] 苞氏曰:"不惑亂。"
[二] 孔安國曰:"無憂患。"

(九·三十)

子曰:"可與共學,未可與適道;[一]可與適道,未可與立;[二]可與立,未可與權。"[三]

[一] 適,之也。雖學,或得異端,未必能之道。
[二] 雖能之道,未必能有所立〔一〕。
[三] 雖能有所立,未必能權量其輕重之極。

(九·三十一)

"唐棣之華,偏其反而。豈不爾思?室是遠而。"[一]子曰:"未之思也,夫何遠之有〔二〕?"[二]

[一] 逸《詩》也。唐棣,栘也,華反而後合。賦此詩者,以言權道反而後至於大順。思其人而不得見者,其室遠也。以言思權而不得見者,其道遠也。
[二] 夫思者當思其反,反是不思,所以爲遠。能思其反,何遠之有?言權可知,唯不知思耳。思之有次序,斯可知矣〔三〕。

〔一〕 未必能有所立　此六字正平本作"未必能以有所所立也"。
〔二〕 夫何遠之有　"有"下,正平本有"哉"字。
〔三〕 斯可知矣　"矣",正平本作"之也"。

鄉黨第十

(十·一)

孔子於鄉黨，恂恂如也，似不能言者。[一]其在宗廟、朝廷，便便言，唯謹爾。[二]朝，與下大夫言，侃侃如也；[三]與上大夫言，誾誾如也。[四]君在，踧踖如也，與與如也。[五]

[一]王肅曰："恂恂，溫恭之貌。"

[二]鄭玄曰："便便，辯也。雖辯而謹敬。"

[三]孔安國曰："侃侃，和樂之貌。"

[四]孔安國曰："誾誾，中正之貌。"

[五]馬融曰："君在，視朝也〔一〕。踧踖，恭敬之貌。與與，威儀中適之貌。"

(十·二)

君召使擯，[一]色勃如也，[二]足躩如也。[三]揖所與立，左右手〔二〕，衣前後，襜如也。[四]趨進，翼如也。[五]賓退，必復命曰："賓不顧矣。"[六]

[一]鄭玄曰："君召使擯者，有賓客使迎之。"

[二]孔安國曰："必變色。"

[三]苞氏曰："足躩，盤辟貌〔三〕。"

〔一〕君在視朝也 此五字正平本作"君在者，君視朝也"。
〔二〕左右手 "手"上，正平本有"其"字。
〔三〕足躩盤辟貌 此五字正平本作"槃辟，貌之也"。

［四］鄭玄曰："揖左人，左其手。揖右人，右其手。一俛一仰，衣前後襜如也[一]。"

［五］孔安國曰："言端好。"

［六］鄭玄曰[二]："復命白君，賓已去矣。"

(十·三)

　　入公門，鞠躬如也，如不容。[一]立不中門，行不履閾。[二]過位，色勃如也，足躩如也，[三]其言似不足者。攝齊升堂，鞠躬如也，屏氣似不息者。[四]出，降一等，逞顏色，怡怡如也。[五]沒階，趨進，翼如也。[六]復其位，踧踖如也。[七]

［一］孔安國曰："斂身。"

［二］孔安國曰："閾，門限。"

［三］苞氏曰："過君之空位。"

［四］孔安國曰："皆重慎也。衣下曰齊。攝齊者，摳衣也。"

［五］孔安國曰："先屏氣，下階舒氣，故怡怡如也。"

［六］孔安國曰："沒，盡也。下盡階。"

［七］孔安國曰："來時所過位。"

(十·四)

　　執圭，鞠躬如也，如不勝。[一]上如揖，下如授。勃如戰色，足蹜蹜如有循。[二]享禮，有容色。[三]私覿，愉愉如也。[四]

───────────

〔一〕　衣前後襜如也　此六字正平本作"故衣前後則襜如也"。
〔二〕　鄭玄曰　此三字正平本作"孔安國曰"。

［一］苞氏曰："爲君使，聘問鄰國〔一〕，執持君之圭。鞠躬者，敬慎之至。"

［二］鄭玄曰："上如揖，授玉宜敬。下如授，不敢忘禮。戰色，敬也。足蹜蹜如有循，舉前曳踵行〔二〕。"

［三］鄭玄曰："享，獻也。聘禮，既聘而享用圭璧〔三〕，有庭實。"

［四］鄭玄曰："覿，見也。既享，乃以私禮見。愉愉，顏色和〔四〕。"

（十·五）

君子不以紺緅飾，〔一〕紅紫不以爲褻服。〔二〕當暑，袗絺綌〔五〕，必表而出之〔六〕。〔三〕緇衣，羔裘；素衣，麑裘；黄衣，狐裘。褻裘長，短右袂。〔四〕必有寢衣，長一身有半。〔五〕狐貉之厚以居〔七〕。〔六〕去喪，無所不佩。〔七〕非帷裳，必殺之。〔八〕羔裘玄冠不以弔。〔九〕吉月，必朝服而朝。〔一〇〕齊〔八〕，必有明衣，布。〔一一〕

［一］孔安國曰："一入曰緅。飾者，不以爲領袖緣也。紺者，齊服盛色以爲飾衣〔九〕，似衣齊服。緅者，三年練以緅飾衣，爲其似衣喪服，故皆不以爲飾衣〔一〇〕。"

〔一〕 聘問鄰國 "聘"上，正平本有"以"字。
〔二〕 舉前曳踵行 "行"下，正平本有"之也"二字。
〔三〕 既聘而享用圭璧 "享"下，正平本重"享"字。
〔四〕 顏色和 此三字正平本作"顏色之和也"。
〔五〕 袗絺綌 "袗"，正平本作"縝"。
〔六〕 必表而出之 "之"，正平本無，注同。
〔七〕 狐貉之厚以居 "貉"，正平本作"狢"。阮本原亦作"狢"，然據《說文》改作"貈"。阮校曰："《說文》引'貉'作'貈'，是也。"
〔八〕 齊 "齊"，正平本作"齋"，下同。
〔九〕 齊服盛色以爲飾衣 "衣"，正平本無。
〔一〇〕 故皆不以爲飾衣 "爲"，正平本無。

［二］王肅曰："褻服，私居服，非公會之服[一]。皆不正，褻尚不衣，正服無所施。"

［三］孔安國曰："暑則單服。絺綌，葛也。必表而出之，加上衣。"

［四］孔安國曰："服皆中外之色相稱也。私家裘長，主溫。短右袂[二]，便作事。"

［五］孔安國曰："今之被也。"

［六］鄭玄曰："在家以接賓客[三]。"

［七］孔安國曰："去，除也。非喪則備佩所宜佩也。"

［八］王肅曰："衣必有殺縫，惟帷裳無殺也[四]。"

［九］孔安國曰："喪主素，吉主玄，吉凶異服[五]。"

［一〇］孔安國曰："吉月，月朔也。朝服，皮弁服。"

［一一］孔安國曰："以布爲沐浴衣[六]。"

(十·六)

　　齊必變食，[一]居必遷坐。[二]食不厭精，膾不厭細。食饐而餲，[三]魚餒而肉敗，不食。[四]色惡，不食。臭惡，不食。失飪，不食。[五]不時，不食。[六]割不正，不食。不得其醬，不食。[七]肉雖多，不使勝食氣。唯酒無量，不及亂。沽酒市脯不食。不撤薑食，[八]不多食。[九]祭於公，不宿肉。[一〇]祭肉不出三日。出三日，不食之矣。[一一]食

〔一〕私居服非公會之服　此八字正平本作"私居，非公會之服者也"。

〔二〕短右袂　"袂"下，正平本有"者"字。

〔三〕在家以接賓客　"客"下，正平本有"之也"二字。

〔四〕惟帷裳無殺也　"殺"下，正平本有"之"字。

〔五〕吉凶異服　"服"下，正平本有"故不相弔也"五字。

〔六〕以布爲沐浴衣　"衣"上，正平本有"之"字。

不語，寢不言。雖疏食菜羹瓜祭，必齊如也。[一二]

[一] 孔安國曰："改常饌。"
[二] 孔安國曰："易常處。"
[三] 孔安國曰："饐、餲，臭味變。"
[四] 魚敗曰餒[一]。
[五] 孔安國曰："失飪，失生孰之節[二]。"
[六] 鄭玄曰："不時，非朝、夕、日中時。"
[七] 馬融曰："魚膾，非芥醬不食。"
[八] 孔安國曰："撤，去也。齊禁薰物，薑辛而不臭，故不去。"
[九] 孔安國曰："不過飽。"
[一〇] 周生烈曰："助祭於君，所得牲體，歸則班賜[三]，不留神惠。"
[一一] 鄭玄曰："自其家祭肉，過三日不食，是褻鬼神之餘。"
[一二] 孔安國曰："齊，嚴敬貌[四]。三物雖薄，祭之必敬。"

(十·七)

席不正，不坐。鄉人飲酒，杖者出，斯出矣。[一]

[一] 孔安國曰："杖者，老人也。鄉人飲酒之禮，主於老者。老者禮畢，出，孔子從而後出[五]。"

〔一〕 魚敗曰餒　"魚"上，正平本有"孔安國曰"四字。
〔二〕 失生孰之節　"孰"，正平本、阮本並作"熟"，不再重復出校。
〔三〕 歸則班賜　"則"下，正平本有"以"字。
〔四〕 嚴敬貌　此三字正平本作"嚴敬之貌也"。
〔五〕 孔子從而後出　"後出"，正平本作"出之"。

(十・八)

　　鄉人儺，朝服而立於阼階。[一]

　　[一] 孔安國曰："儺，驅逐疫鬼。恐驚先祖，故朝服而立於廟之阼階。"

(十・九)

　　問人於他邦，再拜而送之[一]。[一]

　　[一] 孔安國曰："拜送使者，敬也。"

(十・十)

　　康子饋藥，拜而受之。[一] 曰："丘未達，不敢嘗[二]。"[二]

　　[一] 苞氏曰："饋孔子藥[三]。"
　　[二] 孔安國曰："未知其故，故不敢嘗[四]，禮也。"

(十・十一)

　　廄焚。子退朝，曰："傷人乎？"不問馬。[一]

　　[一] 鄭玄曰："重人賤畜。退朝，自君之朝来歸[五]。"

――――――――――

〔一〕再拜而送之　"而"，正平本無。
〔二〕不敢嘗　"嘗"下，正平本有"之"字。
〔三〕饋孔子藥　此四字正平本作"遺孔子藥也"。
〔四〕故不敢嘗　"敢"，正平本無。
〔五〕自君之朝来歸　"君"上，正平本有"魯"字。

111

（十·十二）

君賜食，必正席先嘗之〔一〕。〔一〕君賜腥，必孰而薦之。〔二〕君賜生，必畜之。侍食於君，君祭，先飯。〔三〕

　　［一］孔安國曰："敬君惠也〔二〕。既嘗之，乃以班賜〔三〕。"
　　［二］孔安國曰："薦其先祖〔四〕。"
　　［三］鄭玄曰："於君祭則先飯矣，若爲君嘗食然〔五〕。"

（十·十三）

疾，君視之，東首，加朝服，拖紳〔六〕。〔一〕

　　［一］苞氏曰："夫子疾，處南牖之下，東首，加其朝服，拖紳。紳，大帶。不敢不衣朝服見君。"

（十·十四）

君命召，不俟駕行矣。〔一〕

　　［一］鄭玄曰："急趨君命，行出而車駕隨之〔七〕。"

（十·十五）

入大廟，每事問〔八〕。

〔一〕　必正席先嘗之　"之"，正平本無。
〔二〕　敬君惠也　"君"下，正平本有"之"字。
〔三〕　乃以班賜　"賜"下，正平本有"之也"二字。
〔四〕　薦其先祖　"薦"，正平本重。
〔五〕　若爲君嘗食然　"君"，正平本作"先"。
〔六〕　拖紳　"拖"，阮本作"拖"，注同。
〔七〕　行出而車駕隨之　此七字正平本作"行出而車既駕從也"。
〔八〕　入大廟每事問　此句後正平本有注文："鄭玄曰：'爲君助祭也。大廟，周公廟也。'"

(十·十六)

　　朋友死，無所歸，曰："於我殯。"[一]

　　[一] 孔安國曰："重朋友之恩。無所歸，言無親昵[一]。"

(十·十七)

　　朋友之饋，雖車馬，非祭肉，不拜。[一]

　　[一] 孔安國曰："不拜者[二]，有通財之義。"

(十·十八)

　　寢不尸，[一] 居不容。[二]

　　[一] 苞氏曰："偃臥四體，布展手足，似死人。"
　　[二] 孔安國曰："爲室家之敬難久[三]。"

(十·十九)

　　見齊衰者[四]，雖狎，必變。[一] 見冕者與瞽者，雖褻，必以貌。[二] 凶服者式之。式負版者。[三] 有盛饌，必變色而作。[四] 迅雷風烈必變。[五]

　　[一] 孔安國曰："狎者，素親狎。"
　　[二] 周生烈曰："褻，謂數相見，必當以貌禮之。"
　　[三] 孔安國曰："凶服，送死之衣物。負版者，持邦國之

―――――――

〔一〕言無親昵　此四字正平本作"無親昵也"。
〔二〕不拜者　"者"，正平本無。
〔三〕爲室家之敬難久　"室家"，正平本作"家室"。
〔四〕見齊衰者　"見"上，正平本有"子"字。

圖籍〔一〕。"

[四] 孔安國曰："作，起也。敬主人之親饋。"

[五] 鄭玄曰："敬天之怒，風疾雷爲烈。"

(十·二十)

升車，必正立執綏。〔一〕車中不內顧，〔二〕不疾言，不親指。

[一] 周生烈曰："必正立執綏，所以爲安。"
[二] 苞氏曰："車中不內顧者，前視不過衡軛〔二〕，傍視不過輢轂〔三〕。"

(十·二十一)

色斯舉矣，〔一〕翔而後集。〔二〕曰："山梁雌雉，時哉時哉！"子路共之〔四〕，三嗅而作。〔三〕

[一] 馬融曰："見顏色不善則去之。"
[二] 周生烈曰："廻翔審觀而後下上〔五〕。"
[三] 言山梁雌雉得其時，而人不得其時〔六〕，故歎之。子路以其時物，故共具之。非本意，不苟食，故三嗅而作。作，起也〔七〕。

〔一〕 持邦國之圖籍 "籍"下，正平本有"者也"二字。
〔二〕 前視不過衡軛 "軛"，正平本作"扼"。
〔三〕 傍視不過輢轂 "轂"下，正平本有"之也"二字。
〔四〕 子路共之 "共"，正平本作"供"，注同。
〔五〕 廻翔審觀而後下上 "廻"，正平本作"廽"，阮本作"迴"。
〔六〕 而人不得其時 "其"，正平本無。
〔七〕 故三嗅而作作起也 此八字正平本作"故三嗅而起也"。

論語卷第六

先進第十一

(十一・一)

子曰："先進於禮樂，野人也；後進於禮樂，君子也。[一]如用之，則吾從先進。"[二]

[一] 孔安國曰[一]："先進、後進，謂仕先後輩也[二]。禮樂因世損益，後進與禮樂俱得時之中，斯君子矣；先進有古風，斯野人也。"

[二] 將移風易俗[三]，歸之淳素[四]。先進猶近古風，故從之。

(十一・二)

子曰："從我於陳、蔡者，皆不及門也[五]。"[一]

[一] 鄭玄曰："言弟子從我而厄於陳、蔡者[六]，皆不及仕進之門而失其所。"

(十一・三)

德行[七]：顏淵、閔子騫、冉伯牛、仲弓。言語：宰我、子貢。政事：冉有、季路。文學：子游、子夏。

〔一〕 孔安國曰　此四字正平本無。
〔二〕 謂仕先後輩也　"仕"，正平本作"士"。
〔三〕 將移風易俗　"將"上，正平本有"苞氏曰"三字。
〔四〕 歸之淳素　"淳"，正平本作"純"。
〔五〕 皆不及門也　"門"下，正平本有"者"字。
〔六〕 言弟子從我而厄於陳蔡者　"從"上，正平本有"之"字。
〔七〕 德行　"德"上，正平本有"子曰"二字。

(十一·四)

　　子曰:"回也,非助我者也,於吾言無所不説。"[一]

　　[一] 孔安國曰:"助,益也〔一〕。言回聞言即解,無所發起增益於己〔二〕。"

(十一·五)

　　子曰:"孝哉閔子騫!人不間於其父母昆弟之言〔三〕。"[一]

　　[一] 陳群曰〔四〕:"言子騫上事父母〔五〕,下順兄弟,動靜盡善,故人不得有非間之言。"

(十一·六)

　　南容三復白圭,[一] 孔子以其兄之子妻之。

　　[一] 孔安國曰:"《詩》云:'白圭之玷,尚可磨也。斯言之玷,不可爲也。'南容讀《詩》至此,三反覆之〔六〕,是其心慎言也。"

(十一·七)

　　季康子問:"弟子孰爲好學?"孔子對曰:"有顏回者好學〔七〕,不幸短命死矣,今也則亡〔八〕。"

〔一〕 助益也　此三字正平本作"助,猶益也"。
〔二〕 無所發起增益於己　"無所發起",正平本作"無可發起",阮本作"無發起"。
〔三〕 人不間於其父母昆弟之言　"昆弟",正平本作"兄弟"。
〔四〕 陳群曰　此三字底本原作"陳曰",據正平本補,不再重復出校。
〔五〕 言子騫上事父母　此七字正平本作"言閔子騫爲人上事父母"。
〔六〕 三反覆之　"覆",正平本作"復"。
〔七〕 有顏回者好學　"學"下,正平本有"不遷怒,不貳過"六字。
〔八〕 今也則亡　"亡"下,正平本有"未聞好學者也"六字。

（十一・八）

　　顏淵死，顏路請子之車以爲之椁[一]。[一]子曰："才不才，亦各言其子也。鯉也死[二]，有棺而無椁[三]。吾不徒行以爲之椁[四]。以吾從大夫之後，不可徒行也[五]。"[二]

　　　[一] 孔安國曰："路，淵父也[六]。家貧，欲請孔子之車[七]，賣以作椁。"
　　　[二] 孔安國曰："鯉，孔子之子伯魚也。孔子時爲大夫，言從大夫之後[八]，不可以徒行，謙辭也[九]。"

（十一・九）

　　顏淵死。子曰："噫！[一]天喪予！天喪予！"[二]

　　　[一] 苞氏曰："噫，痛傷之聲。"
　　　[二] 天喪予者，若喪己也。再言之者，痛惜之甚。

（十一・十）

　　顏淵死，子哭之慟。[一]從者曰："子慟矣！"曰[一〇]："有

〔一〕 顏路請子之車以爲之椁　"以爲之椁"，正平本無。
〔二〕 鯉也死　"也"，正平本無。
〔三〕 有棺而無椁　"椁"，正平本作"槨"，下同。
〔四〕 吾不徒行以爲之椁　"不"下，正平本有"可"字。
〔五〕 不可徒行也　"不"上，正平本有"吾以"二字。
〔六〕 路淵父也　此四字正平本作"顏路，顏淵之父也"。
〔七〕 欲請孔子之車　"欲"上，正平本有"故"字。
〔八〕 言從大夫之後　"言"下，正平本有"吾"字。
〔九〕 謙辭也　"謙"上，正平本有"是"字。
〔一〇〕 曰　"曰"上，正平本有"子"字。

慟乎？〔二〕非夫人之爲慟而誰爲〔一〕？"

　　［一］馬融曰："慟，哀過也。"

　　［二］孔安國曰："不自知己之悲哀過〔二〕。"

（十一・十一）

　　顏淵死，門人欲厚葬之。子曰："不可。"〔一〕門人厚葬之。子曰："回也視予猶父也。予不得視猶子也。非我也，夫二三子也。"〔二〕

　　［一］禮，貧富有宜〔三〕。顏淵貧〔四〕，而門人欲厚葬，故不聽。

　　［二］馬融曰："言回自有父，父意欲聽門人厚葬〔五〕，我不得制止〔六〕，非其厚葬，故云耳〔七〕。"

（十一・十二）

　　季路問事鬼神。子曰："未能事人，焉能事鬼？""敢問死〔八〕。"曰："未知生，焉知死？"〔一〕

　　［一］陳群曰："鬼神及死事難明，語之無益，故不答。"

〔一〕　非夫人之爲慟而誰爲　"而誰爲"，正平本作"而誰爲慟"。
〔二〕　不自知己之悲哀過　"過"上，正平本有"之"字。
〔三〕　貧富有宜　"有"上，正平本有"各"字。
〔四〕　顏淵貧　"貧"上，正平本有"家"字。
〔五〕　父意欲聽門人厚葬　"葬"下，正平本有"之"字。
〔六〕　我不得制止　"制止"，阮本作"割止"。
〔七〕　故云耳　此三字正平本作"故云爾也"。
〔八〕　敢問死　此三字正平本作"曰：'敢問事死'"，阮本作"曰：'敢問死'"。

（十一·十三）

　　閔子侍側〔一〕，誾誾如也；子路，行行如也；冉有〔二〕、子貢，侃侃如也。子樂。〔一〕"若由也，不得其死然。"〔二〕

　　［一〕鄭玄曰："樂，各盡其性。行行，剛強之貌。"
　　［二〕孔安國曰："不得以壽終。"

（十一·十四）

　　魯人爲長府。閔子騫曰："仍舊貫，如之何？何必改作？"〔一〕子曰："夫人不言，言必有中。"〔二〕

　　［一〕鄭玄曰："長府，藏名也，藏財貨曰府〔三〕。仍，因也。貫，事也。因舊事則可，何乃復更改作。"
　　［二〕王肅曰："言必有中者〔四〕，善其不欲勞民改作〔五〕。"

（十一·十五）

　　子曰："由之瑟〔六〕，奚爲於丘之門？"〔一〕門人不敬子路。子曰："由也升堂矣，未入於室也。"〔二〕

　　［一〕馬融曰："子路鼓瑟〔七〕，不合《雅》《頌》。"
　　［二〕馬融曰："升我堂矣，未入於室耳〔八〕。門人不解，謂孔子言爲

─────

〔一〕 閔子侍側　此四字正平本作"閔子騫侍側"。
〔二〕 冉有　此二字正平本作"冉子"。
〔三〕 藏財貨曰府　"財"，正平本無。
〔四〕 言必有中者　"者"，正平本無。
〔五〕 善其不欲勞民改作　"作"下，正平本有"之也"二字。
〔六〕 由之瑟　"瑟"上，正平本有"鼓"字。
〔七〕 子路鼓瑟　"子路"上，正平本有"言"字。
〔八〕 未入於室耳　"於"，正平本無。

賤子路，故復解之。”

(十一・十六)

子貢問：“師與商也孰賢[一]？”子曰：“師也過，商也不及。”[一]曰：“然則師愈與？”子曰：“過猶不及。”[二]

[一] 孔安國曰：“言俱不得中。”

[二] 愈，猶勝也。

(十一・十七)

季氏富於周公，[一]而求也爲之聚斂而附益之。[二]子曰：“非吾徒也。小子鳴鼓而攻之，可也。”[三]

[一] 孔安國曰：“周公，天子之宰、卿士。”

[二] 孔安國曰：“冉求爲季氏宰，爲之急賦稅。”

[三] 鄭玄曰：“小子，門人也。鳴鼓，聲其罪以責之。”

(十一・十八)

柴也愚，[一]參也魯，[二]師也辟[二][三]，由也喭[三]。[四]子曰：“回也其庶乎，屢空。賜不受命，而貨殖焉，億則屢中。”[五]

[一] 弟子高柴，字子羔。愚，愚直之愚。

―――――――

〔一〕 師與商也孰賢 "賢"下，正平本有"乎"字。
〔二〕 師也辟 此三字正平本作"師僻也"。
〔三〕 由也喭 此三字正平本作"由喭也"。

論語卷第六　先進第十一

〔二〕孔安國曰："魯，鈍也。曾子性遲鈍[一]。"
〔三〕馬融曰："子張才過人，失在邪辟之過[二]。"
〔四〕鄭玄曰："子路之行，失於畔喭。"
〔五〕言回庶幾聖道，雖數空匱，而樂在其中。賜不受教命，唯財貨是殖，億度是非。蓋美回所以勵賜也。一曰：屢猶每也，空猶虛中也。以聖人之善道[三]，教數子之庶幾，猶不至於知道者，各內有此害。其於庶幾每能虛中者唯回，懷道深遠。不虛心不能知道，子貢雖無數子之病[四]，然亦不知道者，雖不窮理而幸中，雖非天命而偶富，亦所以不虛心也。

（十一・十九）

子張問善人之道。子曰："不踐迹，亦不入於室。"[一]子曰："論篤是與，君子者乎？色莊者乎？"[二]

〔一〕孔安國曰："踐，循也。言善人不但循追舊迹而已[五]，亦少能創業[六]，然亦不能入於聖人之奧室[七]。"
〔二〕論篤者，謂口無擇言。君子者，謂身無鄙行。色莊者，不惡而嚴，以遠小人[八]。言此三者，皆可以為善人[九]。

〔一〕曾子性遲鈍　"性"，正平本無。
〔二〕失在邪辟之過　"之過"，正平本、阮本作"文過"。
〔三〕以聖人之善道　"道"，正平本無。
〔四〕子貢雖無數子之病　"之"，正平本無。
〔五〕言善人不但循追舊迹而已　"但"，正平本無。
〔六〕亦少能創業　"少"上，正平本有"多"字。
〔七〕然亦不能入於聖人之奧室　"能"，阮本無。
〔八〕以遠小人　"人"下，正平本有"者也"二字。
〔九〕皆可以為善人　"人"下，正平本有"者也"二字。

(十一·二十)

　　子路問：“聞斯行諸？”[一]子曰：“有父兄在，如之何其聞斯行之？”[二]冉有問：“聞斯行諸？”子曰：“聞斯行之。”公西華曰：“由也問聞斯行諸，子曰‘有父兄在’；求也問聞斯行諸，子曰‘聞斯行之’。赤也惑，敢問。”[三]子曰：“求也退，故進之；由也兼人，故退之。”[四]

　　[一] 苞氏曰：“賑窮救乏之事。”
　　[二] 孔安國曰：“當白父兄，不得自專[一]。”
　　[三] 孔安國曰：“惑其問同而答異。”
　　[四] 鄭玄曰：“言冉有性謙退，子路務在勝尚人，各因其人之失而正之。”

(十一·二十一)

　　子畏於匡，顔淵後。[一]子曰：“吾以女爲死矣。”曰：“子在，回何敢死？”[二]

　　[一] 孔安國曰：“言與孔子相失，故在後。”
　　[二] 苞氏曰：“言夫子在，己無所敢死。”

(十一·二十二)

　　季子然問：“仲由、冉求可謂大臣與？”[一]子曰：“吾以子爲異之問，曾由與求之問。[二]所謂大臣者，以道事君，不可則止。今由與求也，可謂具臣矣。”[三]曰：“然則從之者與？”[四]子曰：“弑父與君，亦不從也。”[五]

〔一〕 不得自專　此四字正平本作“不可得自專也”。

　　　　　論語卷第六　先進第十一

　　［一］孔安國曰："子然，季氏子弟〔一〕。自多得臣此二子，故問之。"
　　［二］孔安國曰："謂子問異事耳。則此二人之問，安足大乎〔二〕？"
　　［三］孔安國曰："言備臣數而已。"
　　［四］孔安國曰："問爲臣皆當從君所欲邪？"
　　［五］孔安國曰："言二子雖從其主，亦不與爲大逆。"

（十一·二十三）

　　子路使子羔爲費宰。子曰："賊夫人之子。"［一］子路曰："有民人焉，有社稷焉，何必讀書，然後爲學？"［二］子曰："是故惡夫佞者。"［三］

　　［一］苞氏曰："子羔學未熟習，而使爲政，所以爲賊害〔三〕。"
　　［二］孔安國曰："言治民事神，於是而習之〔四〕，亦學也。"
　　［三］孔安國曰："疾其以口給應，遂己非而不知窮。"

（十一·二十四）

　　子路、曾皙、［一］冉有、公西華侍坐。子曰："以吾一日長乎爾，毋吾以也。［二］居則曰：'不吾知也。'［三］如或知爾，則何以哉？"［四］子路率爾而對［五］曰："千乘之國，攝乎大國之間〔五〕，加之以師旅，因之以饑饉〔六〕。［六］由也爲之，比及三年，可使有勇，且知方也。"［七］夫子哂之。［八］"求，

────────
〔一〕　子然季氏子弟　此六字正平本作"季子然，季氏之子弟"。
〔二〕　安足大乎　此四字正平本作"安足爲大臣乎"。
〔三〕　所以爲賊害　此五字正平本作"所以賊害人也"。
〔四〕　於是而習之　"之"，正平本無。
〔五〕　攝乎大國之間　"之"，正平本無。
〔六〕　因之以饑饉　"饑"，正平本作"飢"。

125

爾何如？"對曰："方六七十，如五六十，[九]求也爲之，比及三年，可使足民。如其禮樂，以俟君子。"[一〇]"赤，爾何如？"對曰："非曰能之，願學焉。宗廟之事，如會同，端章甫，願爲小相焉。"[一一]"點，爾何如？"鼓瑟希，[一二]鏗爾，舍瑟而作，對曰："異乎三子者之撰。"[一三]子曰："何傷乎？亦各言其志也。"[一四]曰："莫春者〔一〕，春服既成，冠者五六人，童子六七人，浴乎沂，風乎舞雩，詠而歸。"[一五]夫子喟然歎曰："吾與點也！"[一六]三子者出，曾晳後。曾晳曰："夫三子者之言何如？"子曰："亦各言其志也已矣。"曰："夫子何哂由也？"曰："爲國以禮，其言不讓，是故哂之。"[一七]"唯求則非邦也與？""安見方六七十、如五六十而非邦也者？""唯赤則非邦也與？""宗廟會同，非諸侯而何〔二〕？[一八]赤也爲之小，孰能爲之大〔三〕？"[一九]

　　［一］孔安國曰："晳〔四〕，曾參父，名點。"

　　［二］孔安國曰："言我問女，女無以我長，故難對。"

　　［三］孔安國曰："女常居，云人不知己。"

　　［四］孔安國曰："如有用女者，則何以爲治。"

　　［五］率爾，先三人對。

　　［六］苞氏曰："攝，迫也。迫於大國之間〔五〕。"

　　［七］方，義方。

　　［八］馬融曰："哂，笑也。"

〔一〕莫春者 "莫"，正平本作"暮"，下同。
〔二〕宗廟會同非諸侯而何 此九字正平本作"宗廟之事如會同，非諸侯如之何"。
〔三〕孰能爲之大 "大"下，正平本有"相"字。
〔四〕晳 "晳"，正平本作"曾晳"。
〔五〕攝迫也迫於大國之間 此九字正平本作"攝，攝迫乎大國之間也"。

論語卷第六　先進第十一

[九] 求性謙退，言欲得方六七十、如五六十里小國治之而已。

[一〇] 孔安國曰："求自云能足民而已，謂衣食足也。若禮樂之化，當以待君子。謙也〔一〕。"

[一一] 鄭玄曰："我非自言能，願學爲之。宗廟之事，謂祭祀也。諸侯時見曰會，殷覜曰同〔二〕。端，玄端也。衣玄端，冠章甫，諸侯日視朝之服。小相，謂相君之禮〔三〕。"

[一二] 孔安國曰："思所以對，故音希。"

[一三] 孔安國曰："置瑟起對。撰，具也，爲政之具。鏗者〔四〕，投瑟之聲。"

[一四] 孔安國曰："各言己志，於義無傷〔五〕。"

[一五] 苞氏曰："莫春者，季春三月也。春服既成〔六〕，衣單袷之時。我欲得冠者五六人、童子六七人，浴乎沂水之上，風涼於舞雩之下，歌詠先王之道，而歸夫子之門。"

[一六] 周生烈曰："善點獨知時〔七〕。"

[一七] 苞氏曰："爲國以禮，禮貴讓。子路言不讓，故笑之。"

[一八] 孔安國曰："明皆諸侯之事，與子路同，徒笑子路不讓。"

[一九] 孔安國曰："赤謙言小相耳，誰能爲大相〔八〕？"

─────────

〔一〕　謙也　"謙"下，正平本有"辭"字。
〔二〕　殷覜曰同　"殷覜"，底本原作"殷頫"，正平本作"殷見"，阮本作"殷覜"。阮校云："'殷覜'原作'衆頫'，閩本、北監本、毛本'殷'作'衆'，毛本'覜'誤'頫'，皇本'覜'作'見'，邢《疏》作'覜'。《釋文》出'殷覜'，云：'本或作見。'據此則字當作'覜'。據改。"
〔三〕　謂相君之禮　"禮"下，正平本有"者也"二字。
〔四〕　鏗者　"鏗"下，正平本有"爾"字。
〔五〕　於義無傷　"傷"下，正平本有"之"字。
〔六〕　春服既成　"成"下，正平本有"者"字。
〔七〕　善點獨知時　此五字正平本作"善點之獨知時之"。
〔八〕　誰能爲大相　此五字正平本作"孰能爲大相者也"。

顏淵第十二

(十二·一)

　　顏淵問仁。子曰："克己復禮爲仁[一]。[一]一日克己復禮，天下歸仁焉。[二]爲仁由己，而由人乎哉？"[三]顏淵曰："請問其目。"[四]子曰："非禮勿視，非禮勿聽，非禮勿言，非禮勿動。"[五]顏淵曰："回雖不敏，請事斯語矣。"[六]

　　[一] 馬融曰："克己，約身。"孔安國曰："復，反也。身能反禮，則爲仁矣。"

　　[二] 馬融曰："一日猶見歸，況終身乎。"

　　[三] 孔安國曰："行善在己，不在人也。"

　　[四] 苞氏曰："知其必有條目，故請問之。"

　　[五] 鄭玄曰："此四者，克己復禮之目。"

　　[六] 王肅曰："敬事此語，必行之。"

(十二·二)

　　仲弓問仁。子曰："出門如見大賓，使民如承大祭。[一]己所不欲，勿施於人。在邦無怨，在家無怨。"[二]仲弓曰："雍雖不敏，請事斯語矣。"

　　[一] 孔安國曰："爲仁之道[二]，莫尚乎敬。"

　　[二] 苞氏曰："在邦爲諸侯，在家爲卿大夫。"

〔一〕 克己復禮爲仁　"克"，正平本作"尅"，下同。
〔二〕 爲仁之道　"爲"，正平本無。

（十二・三）

司馬牛問仁。子曰："仁者，其言也訒。"[一] 曰："其言也訒，斯謂之仁已乎[一]？"子曰："爲之難，言之得無訒乎？"[二]

[一] 孔安國曰："訒，難也。牛，宋人也，弟子司馬犂。"

[二] 孔安國曰："行仁難，言仁亦不得不難。"

（十二・四）

司馬牛問君子。子曰："君子不憂不懼。"[一] 曰："不憂不懼，斯謂之君子已乎[二]？"子曰："內省不疚，夫何憂何懼？"[二]

[一] 孔安國曰："牛兄桓魋將爲亂，牛自宋來學，常憂懼，故孔子解之。"

[二] 苞氏曰："疚，病也。自省無罪惡[三]，無可憂懼。"

（十二・五）

司馬牛憂曰："人皆有兄弟，我獨亡。"[一] 子夏曰："商聞之矣：死生有命，富貴在天。君子敬而無失，與人恭而有禮，四海之內皆兄弟也[四]。君子何患乎無兄弟也？"[二]

[一] 鄭玄曰："牛兄桓魋行惡，死亡無日，我爲無兄弟。"

[二] 苞氏曰："君子疏惡而友賢，九州之人皆可以禮親[五]。"

〔一〕 斯謂之仁已乎　此六字正平本作"斯可謂之仁已矣乎"。
〔二〕 斯謂之君子已乎　此七字正平本作"斯可謂君子已乎"。
〔三〕 自省無罪惡　"自"，正平本作"內"。
〔四〕 四海之內皆兄弟也　"皆"下，正平本有"爲"字。
〔五〕 九州之人皆可以禮親　"親"下，正平本有"之"字。

129

(十二·六)

　　子張問明。子曰:"浸潤之譖[一],膚受之愬,不行焉,可謂明也已矣。[一]浸潤之譖,膚受之愬,不行焉,可謂遠也已矣。"[二]

　　[一]鄭玄曰:"譖人之言,如水之浸潤,漸以成之[二]。"馬融曰:"膚受之愬[三],皮膚外語,非其內實。"

　　[二]馬融曰:"無此二者,非但爲明,其德行高遠,人莫能及[四]。"

(十二·七)

　　子貢問政。子曰:"足食,足兵,民信之矣[五]。"子貢曰:"必不得已而去,於斯三者何先?"曰:"去兵。"子貢曰:"必不得已而去,於斯二者何先?"曰:"去食。自古皆有死,民無信不立[六]。"[一]

　　[一]孔安國曰:"死者,古今常道,人皆有之。治邦不可失信。"

(十二·八)

　　棘子成曰:"君子質而已矣,何以文爲?"[一]子貢曰:"惜乎!夫子之說君子也,駟不及舌。[二]文猶質也,質猶

───────

〔一〕 浸潤之譖　"譖",正平本作"譛",下同。
〔二〕 漸以成之　此四字正平本作"以漸成人之禍"。
〔三〕 膚受之愬　"之愬",正平本無。
〔四〕 人莫能及　"及"下,正平本有"之"字。
〔五〕 民信之矣　"民"上,正平本有"使"字。
〔六〕 民無信不立　"無",正平本作"不"。

130

文也。虎豹之鞟〔一〕，猶犬羊之鞟。"〔三〕

　　［一］鄭玄曰："舊説云：棘子成，衛大夫。"
　　［二］鄭玄曰："惜乎，夫子之説君子也，過言一出，駟馬追之不及〔二〕。"
　　［三］孔安國曰："皮去毛曰鞟。虎豹與犬羊別者，正以毛文異耳。今使文質同者，何以別虎豹與犬羊邪？"

（十二·九）

　　哀公問於有若曰："年饑，用不足，如之何？"有若對曰："盍徹乎？"〔一〕曰："二，吾猶不足，如之何其徹也？"〔二〕對曰："百姓足，君孰與不足？百姓不足，君孰與足？"〔三〕

　　［一］鄭玄曰："盍〔三〕，何不也。周法什一而税謂之徹〔四〕。徹，通也，爲天下之通法。"
　　［二］孔安國曰："二，謂什二而税。"
　　［三］孔安國曰："孰，誰也。"

（十二·十）

　　子張問崇德辨惑。〔一〕子曰："主忠信，徙義，崇德也。〔二〕愛之欲其生，惡之欲其死。既欲其生，又欲其死，是惑也。〔三〕'誠不以富，亦祇以異'。"〔四〕

〔一〕虎豹之鞟　"鞟"，正平本作"鞹"，下同。
〔二〕駟馬追之不及　"及"下，正平本有"舌"字。
〔三〕盍　"盍"下，正平本有"者"字。
〔四〕周法什一而税謂之徹　"什"，正平本作"十"，下同。

〔一〕苞氏曰："辨，別也。"

〔二〕苞氏曰："徙義，見義則徙意而從之〔一〕。"

〔三〕苞氏曰："愛惡當有常，一欲生之，一欲死之，是心惑也。"

〔四〕鄭玄曰："此《詩·小雅》也。祇，適也。言此行誠不可以致富，適足以爲異耳〔二〕。取此《詩》之異義以非之。"

（十二·十一）

齊景公問政於孔子。孔子對曰："君君，臣臣，父父，子子。"〔一〕公曰："善哉！信如君不君，臣不臣，父不父，子不子，雖有粟，吾得而食諸〔三〕？"〔二〕

〔一〕孔安國曰："當此之時〔四〕，陳恒制齊〔五〕。君不君，臣不臣，父不父，子不子〔六〕，故以對〔七〕。"

〔二〕孔安國曰："言將危也，陳氏果滅齊。"

（十二·十二）

子曰："片言可以折獄者，其由也與？"〔一〕子路無宿諾。〔二〕

〔一〕孔安國曰："片，猶偏也。聽訟必須兩辭以定是非，偏信一言以折獄者，唯子路可也。"

〔一〕 見義則徙意而從之 "而"，正平本無。
〔二〕 適足以爲異耳 "足以"，正平本作"以足"。
〔三〕 吾得而食諸 "吾"下，正平本有"豈"字。
〔四〕 當此之時 "之"，正平本無。
〔五〕 陳恒制齊 "陳恒"，正平本、阮本並作"陳桓"。
〔六〕 父不父子不子 此六字正平本無。
〔七〕 故以對 此三字正平本作"故以此對也"。

132

[二] 宿，猶豫也。子路篤信，恐臨時多故，故不豫諾。

(十二・十三)

子曰："聽訟，吾猶人也。"[一] 必也使無訟乎！"[二]

[一] 苞氏曰："與人等[一]。"
[二] 王肅曰："化之在前。"

(十二・十四)

子張問政。子曰："居之無倦，行之以忠。"[一]

[一] 王肅曰："言爲政之道，居之於身，無得懈倦[二]，行之於民，必以忠信。"

(十二・十五)

子曰："博學於文，約之以禮，亦可以弗畔矣夫。"[一]

[一] 鄭玄曰[三]："弗畔，不違道。"

(十二・十六)

子曰："君子成人之美，不成人之惡。小人反是。"

(十二・十七)

季康子問政於孔子。孔子對曰："政者，正也。子帥以

〔一〕 與人等 "與"上，正平本有"言"字。
〔二〕 無得懈倦 "懈"，阮本作"解"。
〔三〕 鄭玄曰 此三字正平本無。

133

正﹝一﹞，孰敢不正？"﹝一﹞

﹝一﹞鄭玄曰："康子﹝二﹞，魯上卿，諸臣之帥也。"

（十二·十八）

季康子患盜，問於孔子。孔子對曰："苟子之不欲﹝三﹞，雖賞之不竊。"﹝一﹞

﹝一﹞孔安國曰："欲，多情欲﹝四﹞。言民化於上，不從其令﹝五﹞，從其所好。"

（十二·十九）

季康子問政於孔子曰："如殺無道，以就有道，何如？"﹝一﹞孔子對曰："子為政，焉用殺？子欲善而民善矣。君子之德風，小人之德草。草上之風﹝六﹞，必偃。"﹝二﹞

﹝一﹞孔安國曰："就，成也。欲多殺而止姦。"
﹝二﹞孔安國曰："亦欲令康子先自正。偃，仆也。加草以風﹝七﹞，無不仆者，猶民之化於上。"

（十二·二十）

子張問："士何如斯可謂之達矣？"子曰："何哉，爾

―――――――

〔一〕 子帥以正 "以"，正平本作"而"。
〔二〕 康子 此二字正平本作"季康子"。
〔三〕 苟子之不欲 "之"，正平本無。
〔四〕 多情欲 此三字正平本作"情慾也"，阮本作"多情慾"。
〔五〕 不從其令 "其"下，正平本有"所"字。
〔六〕 草上之風 "上"，正平本作"尚"。
〔七〕 加草以風 "加"，底本原作"如"，據正平本、阮本改。

所謂達者？"子張對曰："在邦必聞，在家必聞。"[一]子曰："是聞也，非達也。夫達也者，質直而好義，察言而觀色，慮以下人。[二]在邦必達，在家必達。[三]夫聞也者，色取仁而行違，居之不疑。[四]在邦必聞，在家必聞。"[五]

　　［一］鄭玄曰："言士之所在，皆能有名譽。"
　　［二］馬融曰："常有謙退之志，察言語，觀顏色〔一〕，知其所欲，其念慮常欲以下人〔二〕。"
　　［三］馬融曰："謙尊而光，卑而不可踰。"
　　［四］馬融曰："此言佞人假仁者之色〔三〕，行之則違，安居其偽而不自疑〔四〕。"
　　［五］馬融曰："佞人黨多。"

（十二·二十一）

樊遲從遊於舞雩之下，[一]曰："敢問崇德、脩慝、辨惑。"[二]子曰："善哉問！先事後得，非崇德與？[三]攻其惡，無攻人之惡，非脩慝與？一朝之忿，忘其身，以及其親，非惑與？"

　　［一］苞氏曰："舞雩之處有壇墠樹木，故下可遊焉。"
　　［二］孔安國曰："慝，惡也。脩，治也。治惡為善。"
　　［三］孔安國曰："先勞於事，然後得報。"

〔一〕　觀顏色　"觀"，正平本作"見"。
〔二〕　其念慮常欲以下人　"念"，阮本作"志"。
〔三〕　此言佞人假仁者之色　此九字正平本作"此言佞人也。佞人假仁者之色"。
〔四〕　安居其偽而不自疑　"疑"下，正平本有"者也"二字。

135

(十二·二十二)

　　樊遲問仁。子曰："愛人。"問知。子曰："知人。"樊遲未達。子曰："舉直錯諸枉，能使枉者直。"[一] 樊遲退，見子夏曰："鄉也吾見於夫子而問知[一]，子曰：'舉直錯諸枉，能使枉者直。'何謂也？"子夏曰："富哉言乎[二]！[二] 舜有天下，選於衆，舉皋陶，不仁者遠矣。湯有天下，選於衆，舉伊尹，不仁者遠矣。"[三]

　　[一] 苞氏曰："舉正直之人用之，廢置邪枉之人，則皆化爲直。"
　　[二] 孔安國曰："富，盛也。"
　　[三] 孔安國曰："言舜、湯有天下，選擇於衆，舉皋陶、伊尹，則不仁者遠矣，仁者至矣。"

(十二·二十三)

　　子貢問友。子曰："忠告而善道之，不可則止，毋自辱焉。"[一]

　　[一] 苞氏曰："忠告，以是非告之，以善道導之，不見從則止。必言之，或見辱。"

(十二·二十四)

　　曾子曰："君子以文會友，[一] 以友輔仁。"[二]

　　[一] 孔安國曰："友以文德合。"
　　[二] 孔安國曰："友相切磋之道[三]，所以輔成己之仁。"

〔一〕 鄉也吾見於夫子而問知　"鄉"，正平本作"嚮"。
〔二〕 富哉言乎　"言"上，正平本有"是"字。
〔三〕 友相切磋之道　"友"下，正平本有"有"字。"切磋"，正平本、阮本並作"切瑳"。

論語卷第七

子路第十三

(十三·一)

　　子路問政。子曰："先之勞之。"[一]請益。曰："無倦。"[二]

　　[一] 孔安國曰："先導之以德，使民信之，然後勞之。《易》曰'説以使民[一]，民忘其勞'。"
　　[二] 孔安國曰："子路嫌其少，故請益。曰無倦者，行此上事，無倦則可。"

(十三·二)

　　仲弓爲季氏宰，問政。子曰："先有司，[一]赦小過，舉賢才。"曰："焉知賢才而舉之？"曰："舉爾所知，爾所不知，人其舍諸？"[二]

　　[一] 王肅曰："言爲政當先任有司，而後責其事。"
　　[二] 孔安國曰："女所不知者，人將自舉之，各舉其所知[二]，則賢才無遺。"

(十三·三)

　　子路曰："衛君待子而爲政，子將奚先？"[一]子曰："必也正名乎！"[二]子路曰："有是哉，子之迂也！奚其

───────

〔一〕 説以使民 "使"，阮本據《周易》改作"先"。
〔二〕 人將自舉之各舉其所知 此十字阮本作"人將自舉其所知"。

139

正[一]？"[三]子曰："野哉，由也！[四]君子於其所不知，蓋闕如也。[五]名不正，則言不順；言不順，則事不成；事不成，則禮樂不興；禮樂不興，則刑罰不中；[六]刑罰不中，則民無所錯手足[二]。故君子名之必可言也，言之必可行也。[七]君子於其言，無所苟而已矣。"

    [一]苞氏曰："問往將何所先行。"

    [二]馬融曰："正百事之名[三]。"

    [三]苞氏曰："迂，猶遠也。言孔子之言遠於事也。"

    [四]孔安國曰："野，猶不達。"

    [五]苞氏曰："君子於其所不知，當闕而勿據。今由不知正名之義，而謂之迂遠。"

    [六]孔安國曰："禮以安上，樂以移風，二者不行，則有淫刑濫罰。"

    [七]王肅曰："所名之事，必可得而明言；所言之事，必可得而遵行。"

(十三·四)

    樊遲請學稼。子曰："吾不如老農。"請學爲圃。曰[四]："吾不如老圃。"[一]樊遲出。子曰："小人哉，樊須也！上好禮，則民莫敢不敬；上好義，則民莫敢不服；上好信，則民莫敢不用情。[二]夫如是，則四方之民襁負其子而至矣，焉用稼？"[三]

〔一〕奚其正 "正"下，正平本有"名"字。

〔二〕則民無所錯手足 "錯"，正平本作"措"。

〔三〕正百事之名 "正"上，正平本重"正"字。

〔四〕曰 "曰"上，正平本有"子"字。

140

[一] 馬融曰："樹五穀曰稼，樹菜蔬曰圃。"

[二] 孔安國曰："情，情實也。言民化於上，各以實應〔一〕。"

[三] 苞氏曰："禮義與信，足以成德，何用學稼以教民乎〔二〕？負者以器曰襁。"

(十三·五)

子曰："誦《詩》三百，授之以政，不達；使於四方，不能專對；雖多，亦奚以爲〔三〕？"[一]

[一] 專，猶獨也。

(十三·六)

子曰："其身正，不令而行；其身不正，雖令不從。"[一]

[一] 令，教令也。

(十三·七)

子曰："魯、衞之政，兄弟也。"[一]

[一] 苞氏曰："魯，周公之封；衞，康叔之封。周公、康叔既爲兄弟，康叔睦於周公，其國之政亦如兄弟。"

(十三·八)

子謂衞公子荆，"善居室，[一] 始有，曰：'苟合矣。'

〔一〕各以實應　此四字正平本作"各以情實應也"。
〔二〕何用學稼以教民乎　"以"，正平本無。
〔三〕亦奚以爲　"爲"下，正平本有"哉"字。

少有，曰：'苟完矣。'富有，曰：'苟美矣。'"

　　[一] 王肅曰："荊與蘧瑗、史鰌並爲君子。"

(十三・九)

　　子適衛，冉有僕。[一] 子曰："庶矣哉。"[二] 冉有曰："既庶矣，又何加焉？"曰："富之。"曰："既富矣，又何加焉？"曰："教之。"

　　[一] 孔安國曰："孔子之衛，冉有御。"
　　[二] 孔安國曰："庶，衆也，言衛人衆多〔一〕。"

(十三・十)

　　子曰："苟有用我者，期月而已可也，三年有成。"[一]

　　[一] 孔安國曰："言誠有用我於政事者，期月而可以行其政教，必三年乃有成功。"

(十三・十一)

　　子曰："'善人爲邦百年，亦可以勝殘去殺矣。'[一] 誠哉是言也。"[二]

　　[一] 王肅曰："勝殘，殘暴之人使不爲惡也〔二〕。去殺，不用刑殺也。"
　　[二] 孔安國曰："古有此言，孔子信之〔三〕。"

───────────────
〔一〕 言衛人衆多　此五字正平本作"言衛民衆多也"。
〔二〕 殘暴之人使不爲惡也　"殘"上，正平本有"勝"字。
〔三〕 孔子信之　此四字正平本作"故孔子信也"。

(十三·十二)

子曰:"如有王者,必世而後仁。"[一]

[一] 孔安國曰:"三十年曰世。如有受命王者,必三十年仁政乃成。"

(十三·十三)

子曰:"苟正其身矣,於從政乎何有?不能正其身,如正人何?"

(十三·十四)

冉子退朝。[一]子曰:"何晏也?"對曰:"有政。"[二]子曰:"其事也。[三]如有政,雖不吾以,吾其與聞之。"[四]

[一] 周生烈曰:"謂罷朝於魯君。"
[二] 馬融曰:"政者,有所改更匡正。"
[三] 馬融曰:"事者,凡行常事[一]。"
[四] 馬融曰:"如有政,非常之事,我爲大夫,雖不見任用,必當與聞之。"

(十三·十五)

定公問:"一言而可以興邦,有諸?"孔子對曰:"言不可以若是其幾也。[一]人之言曰:'爲君難,爲臣不易。'如知爲君之難也,不幾乎一言而興邦乎?"[二]曰:"一言而喪

〔一〕 凡行常事 此四字正平本作"凡所行常事也"。

邦〔一〕，有諸？"孔子對曰："言不可以若是其幾也。人之言曰：'予無樂乎爲君，唯其言而莫予違也〔二〕。'〔三〕如其善而莫之違也，不亦善乎？如不善而莫之違也，不幾乎一言而喪邦乎？"〔四〕

> [一] 王肅曰："以其大要一言不能正興國。幾，近也。有近一言可以興國。"
>
> [二] 孔安國曰："事不可以一言而成〔三〕。如知此，則可近也。"
>
> [三] 孔安國曰："言無樂於爲君，所樂者，唯樂其言而不見違。"
>
> [四] 孔安國曰："人君所言善，無違之者，則善也。所言不善〔四〕，而無敢違之者，則近一言而喪國。"

（十三·十六）

葉公問政。子曰："近者説，遠者來。"

（十三·十七）

子夏爲莒父宰，問政。〔一〕子曰："無欲速，無見小利。欲速則不達，見小利則大事不成。"〔二〕

> [一] 鄭玄曰："舊説云〔五〕：莒父，魯下邑。"
>
> [二] 孔安國曰："事不可以速成，而欲其速則不達矣。小利妨大〔六〕，則大事不成。"

〔一〕 一言而喪邦　"而"下，正平本有"可"字。
〔二〕 唯其言而莫予違也　"而"下，正平本有"樂"字。
〔三〕 事不可以一言而成　"以"，正平本無。
〔四〕 所言不善　"所"上，正平本有"其"字。
〔五〕 舊説云　"云"，正平本作"曰"。
〔六〕 小利妨大　此四字正平本作"見小利妨大事"。

(十三·十八)

葉公語孔子曰:"吾黨有直躬者,[一]其父攘羊,而子證之。"[二]孔子曰:"吾黨之直者異於是:父爲子隱,子爲父隱,直在其中矣。"

[一]孔安國曰:"直躬,直身而行。"
[二]周生烈曰:"有因而盜曰攘。"

(十三·十九)

樊遲問仁。子曰:"居處恭,執事敬,與人忠。雖之夷狄,不可棄也。"[一]

[一]包氏曰:"雖之夷狄無禮義之處,猶不可棄去而不行。"

(十三·二十)

子貢問曰:"何如斯可謂之士矣?"子曰:"行己有恥,[一]使於四方,不辱君命,可謂士矣。"曰:"敢問其次。"曰:"宗族稱孝焉,鄉黨稱弟焉。"曰:"敢問其次。"曰:"言必信,行必果,硜硜然小人哉[一]!抑亦可以爲次矣。"[二]曰:"今之從政者何如?"子曰:"噫!斗筲之人,何足算也[二]?"[三]

[一]孔安國曰:"有恥者[三],有所不爲。"
[二]鄭玄曰:"行必果,所欲行必果敢爲之。硜硜者,小人之貌

〔一〕 硜硜然小人哉 "哉",正平本作"也"。
〔二〕 何足算也 "算",正平本作"筭",注同。
〔三〕 有恥者 "者",正平本無。

145

也。抑亦其次，言可以爲次。"

[三] 鄭玄曰："噫，心不平之聲。筲，竹器，容斗二升〔一〕。算，數也。"

(十三·二十一)

子曰："不得中行而與之，必也狂狷乎！[一] 狂者進取，狷者有所不爲也。"[二]

[一] 苞氏曰："中行，行能得其中者。言不得中行，則欲得狂狷者。"

[二] 苞氏曰："狂者進取於善道，狷者守節無爲。欲得此二人者，以時多進退，取其恒一。"

(十三·二十二)

子曰："南人有言曰：'人而無恒，不可以作巫醫。'[一] 善夫！[二] '不恒其德，或承之羞。'"[三] 子曰："不占而已矣。"[四]

[一] 孔安國曰："南人，南國之人。"鄭玄曰："言巫醫不能治無常之人〔二〕。"

[二] 苞氏曰："善南人之言也。"

[三] 孔安國曰："此《易·恒》卦之辭。言德無常，則羞辱承之。"

[四] 鄭玄曰："《易》所以占吉凶，無恒之人，《易》所不占。"

〔一〕 容斗二升 "升"下，正平本有"者也"二字。
〔二〕 言巫醫不能治無常之人 "常"，阮本作"恒"。

(十三・二十三)

　　子曰："君子和而不同，小人同而不和。"[一]

　　[一] 君子心和，然其所見各異，故曰不同。小人所嗜好者同，然各爭利[一]，故曰不和。

(十三・二十四)

　　子貢問曰："鄉人皆好之，何如？"子曰："未可也。""鄉人皆惡之，何如？"子曰："未可也。不如鄉人之善者好之，其不善者惡之。"[一]

　　[一] 孔安國曰："善人善己，惡人惡己，是善善明，是惡惡著[二]。"

(十三・二十五)

　　子曰："君子易事而難説也[一]。説之不以道，不説也；及其使人也，器之[三]。[二] 小人難事而易説也。説之雖不以道，説也；及其使人也，求備焉。"

　　[一] 孔安國曰："不責備於一人，故易事。"
　　[二] 孔安國曰："度才而官之[四]。"

(十三・二十六)

　　子曰："君子泰而不驕，小人驕而不泰。"[一]

〔一〕 然各爭利　"各"下，正平本有"其"字。
〔二〕 是惡惡著　"是"，正平本、阮本並無。
〔三〕 器之　"之"，正平本作"也"。
〔四〕 度才而官之　此五字正平本作"度才而任官也"。

[一] 君子自縱泰，似驕而不驕。小人拘忌，而實自驕矜。

(十三·二十七)

子曰："剛、毅、木、訥近仁。"[一]

[一] 王肅曰："剛，無欲；毅，果敢；木，質樸；訥，遲鈍。有斯四者，近於仁。"

(十三·二十八)

子路問曰："何如斯可謂之士矣？"子曰："切切偲偲，怡怡如也，可謂士矣。朋友切切偲偲，兄弟怡怡[一]。"[一]

[一] 馬融曰："切切偲偲，相切責之貌。怡怡，和順之貌。"

(十三·二十九)

子曰："善人教民七年，亦可以即戎矣。"[一]

[一] 苞氏曰："即，就也。戎，兵也[二]。可以攻戰[三]。"

(十三·三十)

子曰："以不教民戰，是謂棄之。"[一]

[一] 馬融曰："言用不習之民[四]，使之攻戰[五]，必破敗，是謂棄之。"

〔一〕 兄弟怡怡 "怡怡"下，正平本有"如也"二字。
〔二〕 即就也戎兵也 此六字正平本作"即戎，就兵"。
〔三〕 可以攻戰 "可"，正平本作"言"。
〔四〕 言用不習之民 "之"，正平本無。
〔五〕 使之攻戰 "攻"，正平本無。

148

憲問第十四

（十四·一）

　　憲問恥。子曰："邦有道，穀；^[一]邦無道，穀，恥也。"^[二]"克、伐、怨、欲不行焉，可以爲仁矣？"^[三]子曰："可以爲難矣，仁則吾不知也。"^[四]

　　[一] 孔安國曰："穀，祿也。邦有道，當食祿〔一〕。"
　　[二] 孔安國曰："君無道而在其朝，食其祿，是恥辱。"
　　[三] 馬融曰："克，好勝人。伐，自伐其功。怨，忌小怨。欲，貪欲也。"
　　[四] 苞氏曰："四者行之難〔二〕，未足以爲仁。"

（十四·二）

　　子曰："士而懷居，不足以爲士矣。"^[一]

　　[一] 士當志道，不求安，而懷其居，非士也。

（十四·三）

　　子曰："邦有道，危言危行；^[一]邦無道，危行言孫〔三〕。"^[二]

　　[一] 苞氏曰："危，厲也。邦有道，可以厲言行。"

───────────

〔一〕 當食祿　此三字正平本作"當食其祿也"。
〔二〕 四者行之難　此五字正平本作"此四者行之難者"。
〔三〕 危行言孫　"孫"，正平本作"遜"，注同。

〔二〕孫，順也。屬行不隨俗，順言以遠害。

(十四・四)

子曰："有德者必有言，〔一〕有言者不必有德。仁者必有勇，勇者不必有仁。"

〔一〕德不可以億中〔一〕，故必有言。

(十四・五)

南宮适〔一〕問於孔子曰："羿善射，奡盪舟，〔二〕俱不得其死然。〔三〕禹、稷躬稼而有天下。"夫子不答。〔四〕南宮适出，子曰："君子哉若人！尚德哉若人！"〔五〕

〔一〕孔安國曰："适，南宮敬叔，魯大夫。"
〔二〕孔安國曰："羿，有窮國之君〔二〕，篡夏后相之位，其臣寒浞殺之，因其室而生奡。奡多力，能陸地行舟，爲夏后少康所殺。"
〔三〕孔安國曰："此二子者，皆不得以壽終。"
〔四〕馬融曰："禹盡力於溝洫，稷種百穀〔三〕，故曰躬稼。禹及其身，稷及後世，皆王。适意欲以禹、稷比孔子，孔子謙，故不答也。"
〔五〕孔安國曰："賤不義而貴有德，故曰君子。"

──────────

〔一〕德不可以億中　"億"，正平本作"憶"。
〔二〕有窮國之君　此五字正平本作"有窮之君也"。
〔三〕稷種百穀　此四字正平本作"稷播殖百穀"，阮本作"稷播百穀"。

150

(十四・六)

子曰:"君子而不仁者有矣夫,未有小人而仁者也。"〔一〕

〔一〕孔安國曰:"雖曰君子,猶未能備。"

(十四・七)

子曰:"愛之,能勿勞乎? 忠焉,能勿誨乎?"〔一〕

〔一〕孔安國曰:"言人有所愛,必欲勞來之;有所忠,必欲教誨之。"

(十四・八)

子曰:"爲命,裨諶草創之〔一〕,〔一〕世叔討論之,行人子羽脩飾之,東里子產潤色之。"〔二〕

〔一〕孔安國曰:"裨諶,鄭大夫氏名也〔二〕。謀於野則獲,於國則否〔三〕。鄭國將有諸侯之事,則使乘車以適野,而謀作盟會之辭。"

〔二〕馬融曰:"世叔,鄭大夫游吉也。討,治也。裨諶既造謀,世叔復治而論之,詳而審之。行人,掌使之官。子羽,公孫揮。子產居東里,因以爲號。更此四賢而成,故鮮有敗事。"

(十四・九)

或問子產。子曰:"惠人也。"〔一〕問子西。曰:"彼哉!

〔一〕裨諶草創之 "裨",正平本作"卑",注同。
〔二〕鄭大夫氏名也 "氏",正平本無。
〔三〕於國則否 "於"上,正平本有"謀"字。

彼哉！"[二]問管仲。曰："人也。[三]奪伯氏駢邑三百，飯疏食[一]，沒齒無怨言。"[四]

> [一]孔安國曰："惠，愛也。子產，古之遺愛。"
> [二]馬融曰："子西，鄭大夫。彼哉彼哉，言無足稱。或曰楚令尹子西。"
> [三]猶《詩》言"所謂伊人"。
> [四]孔安國曰："伯氏，齊大夫。駢邑，地名。齒，年也。伯氏食邑三百家，管仲奪之，使至疏食，而沒齒無怨言，以其當理故[二]。"

（十四·十）

子曰："貧而無怨難，富而無驕易。"

（十四·十一）

子曰："孟公綽爲趙、魏老則優，不可以爲滕、薛大夫[三]。"[一]

> [一]孔安國曰："公綽，魯大夫。趙、魏皆晉卿。家臣稱老。公綽性寡欲，趙、魏貪賢，家老無職，故優。滕、薛小國，大夫職煩，故不可爲。"

（十四·十二）

子路問成人。子曰："若臧武仲之知，[一]公綽之不

〔一〕飯疏食 "疏"，正平本作"蔬"，阮本作"疏"，注同。
〔二〕以其當理故 "故"，阮本作"也"。
〔三〕不可以爲滕薛大夫 "滕"，正平本作"藤"，注同。

欲，[二]卞莊子之勇，[三]冉求之藝，文之以禮樂，[四]亦可以爲成人矣。"曰："今之成人者何必然？見利思義，[五]見危授命，久要不忘平生之言，亦可以爲成人矣。"[六]

〔一〕馬融曰："魯大夫臧孫紇。"
〔二〕馬融曰："孟公綽〔一〕。"
〔三〕周生烈曰："卞邑大夫。"
〔四〕孔安國曰："加之以禮樂文成。"
〔五〕馬融曰："義然後取，不苟得。"
〔六〕孔安國曰："久要，舊約也。平生，猶少時。"

(十四·十三)

子問公叔文子於公明賈曰："信乎，夫子不言，不笑，不取乎？"[一]公明賈對曰："以告者過也。夫子時然後言，人不厭其言；樂然後笑，人不厭其笑；義然後取，人不厭其取。"子曰："其然？豈其然乎？"[二]

〔一〕孔安國曰："公叔文子，衛大夫公孫拔。文，謚。"
〔二〕馬融曰："美其得道，嫌不能悉然〔二〕。"

(十四·十四)

子曰："臧武仲以防求爲後於魯，雖曰不要君，吾不信也。"[一]

〔一〕孔安國曰："防，武仲故邑。爲後，立後也。魯襄公二十三

〔一〕孟公綽　此三字正平本作"魯大夫孟公綽也"。
〔二〕嫌不能悉然　"嫌"下，正平本有"其"字。

153

年〔一〕，武仲爲孟氏所譖，出奔邾，自邾如防，使爲以大蔡納請曰〔二〕：'紇非敢害也〔三〕，知不足也，非敢私請，苟守先祀，無廢二勳，敢不辟邑！'乃立臧爲，紇致防而奔齊。此所謂要君。"

（十四·十五）

子曰："晉文公譎而不正，〔一〕齊桓公正而不譎。"〔二〕

［一］鄭玄曰："譎者，詐也。謂召天子而使諸侯朝之〔四〕。仲尼曰：'以臣召君，不可以訓。故《書》曰："天王狩於河陽。"'是譎而不正也。"

［二］馬融曰："伐楚以公義，責包茅之貢不入，問昭王南征不還，是正而不譎也。"

（十四·十六）

子路曰："桓公殺公子糾，召忽死之，管仲不死。"曰："未仁乎？"〔一〕子曰："桓公九合諸侯，不以兵車，管仲之力也。如其仁，如其仁。"〔二〕

［一］孔安國曰："齊襄公立，無常。鮑叔牙曰：'君使民慢，亂將作矣。'奉公子小白出奔莒。襄公從弟公孫無知弒襄公〔五〕，管夷吾、召忽奉公子糾出奔魯。齊人殺無知，魯伐齊，納子

〔一〕 魯襄公二十三年 "二十三年"，正平本作 "三十三年"。
〔二〕 使爲以大蔡納請曰 "爲"，正平本無。
〔三〕 紇非敢害也 "敢"，阮本作 "能"。
〔四〕 謂召天子而使諸侯朝之 "召" 下，正平本有 "於" 字。
〔五〕 襄公從弟公孫無知弒襄公 "弒"，正平本、阮本並作 "殺"。

糾。小白自莒先入，是爲桓公，乃殺子糾，召忽死之〔一〕。"

[二] 孔安國曰："誰如管仲之仁〔二〕。"

（十四・十七）

子貢曰："管仲非仁者與？桓公殺公子糾，不能死，又相之。"子曰："管仲相桓公，霸諸侯，一匡天下，〔一〕民到于今受其賜。〔二〕微管仲，吾其被髮左衽矣。〔三〕豈若匹夫匹婦之爲諒也，自經於溝瀆而莫之知也？"〔四〕

[一] 馬融曰："匡，正也。天子微弱，桓公帥諸侯以尊周室，一正天下。"

[二] 受其賜者，謂不被髮左衽之惠〔三〕。

[三] 馬融曰："微，無也。無管仲，則君不君，臣不臣，皆爲夷狄。"

[四] 王肅曰："經，經死於溝瀆中也。管仲、召忽之於公子糾，君臣之義未正成，故死之未足深嘉，不死未足多非。死事既難〔四〕，亦在於過厚，故仲尼但美管仲之功，亦不言召忽不當死。"

（十四・十八）

公叔文子之臣大夫僎與文子同升諸公。〔一〕子聞之，曰："可以爲文矣。"〔二〕

〔一〕 召忽死之 "之"，正平本作 "也"。
〔二〕 誰如管仲之仁 "仁" 下，正平本有 "矣" 字。
〔三〕 謂不被髮左衽之惠 "謂"，阮本作 "爲"。
〔四〕 死事既難 "事"，正平本無。

〔一〕孔安國曰："大夫僎，本文子家臣，薦之使與己並爲大夫，同升在公朝。"

〔二〕孔安國曰："言行如是〔一〕，可謚爲文。"

（十四·十九）

子言衞靈公之無道也〔二〕。康子曰："夫如是，奚而不喪？"孔子曰："仲叔圉治賓客，祝鮀治宗廟，王孫賈治軍旅。夫如是，奚其喪？"〔一〕

〔一〕孔子言雖無道〔三〕，所任者各當其才，何爲當喪亡〔四〕？

（十四·二十）

子曰："其言之不怍，則爲之也難〔五〕。"〔一〕

〔一〕馬融曰："怍，慙也。內有其實，則言之不慙。積其實者爲之難。"

（十四·二十一）

陳成子弒簡公〔六〕。孔子沐浴而朝，告於哀公曰："陳恆弒其君，請討之。"〔一〕公曰："告夫三子〔七〕。"〔二〕孔子

〔一〕 言行如是 "言"，正平本無。
〔二〕 子言衞靈公之無道也 "言"，正平本作"曰"。
〔三〕 孔子言雖無道 此六字正平本作"孔安國曰：言君雖無道"，阮本作"孔曰：言雖無道"。
〔四〕 何爲當喪亡 此五字正平本作"何爲當亡乎也"，阮本作"何爲當亡"。
〔五〕 則爲之也難 此五字正平本作"則其爲之難也"。
〔六〕 陳成子弒簡公 "弒"，正平本作"殺"，下同。
〔七〕 告夫三子 "三"上，正平本有"二"字，下及注同。

曰:"以吾從大夫之後,不敢不告也。君曰'告夫三子'者。"[三]之三子告,不可。孔子曰:"以吾從大夫之後,不敢不告也。"[四]

[一] 馬融曰:"成子[一],齊大夫陳恒也。將告君,故先齊,齊必沐浴。"

[二] 孔安國曰:"謂三卿也。"

[三] 馬融曰:"我禮當告君[二],不當告三子。君使我往,故復往。"

[四] 馬融曰:"孔子由君命之三子告,不可,故復以此辭語之而止。"

(十四·二十二)

子路問事君。子曰:"勿欺也,而犯之。"[一]

[一] 孔安國曰:"事君之道,義不可欺,當能犯顏諫爭[三]。"

(十四·二十三)

子曰:"君子上達,小人下達。"[一]

[一] 本爲上,末爲下。

(十四·二十四)

子曰:"古之學者爲己,今之學者爲人。"[一]

〔一〕 成子 此二字正平本作"陳成子"。
〔二〕 我禮當告君 "禮"上,正平本有"於"字。
〔三〕 當能犯顏諫爭 "顏"下,正平本有"色"字。

〔一〕孔安國曰："爲己，履而行之。爲人〔一〕，徒能言之。"

（十四·二十五）

　　蘧伯玉使人於孔子。孔子與之坐而問焉〔二〕,〔一〕曰："夫子何爲？"對曰："夫子欲寡其過而未能也。"〔二〕使者出。子曰："使乎！使乎！"〔三〕

　　〔一〕孔安國曰："伯玉，衛大夫蘧瑗。"
　　〔二〕言夫子欲寡其過而未能無過。
　　〔三〕陳群曰："再言'使乎'者〔三〕，善之也。言使得其人。"

（十四·二十六）

　　子曰："不在其位，不謀其政。"曾子曰："君子思不出其位。"〔一〕

　　〔一〕孔安國曰："不越其職。"〔四〕

（十四·二十七）

　　子曰："君子恥其言而過其行〔五〕。"

（十四·二十八）

　　子曰："君子道者三，我無能焉：仁者不憂，知者不

──────────
〔一〕爲人　"爲"上，正平本有"無"字。
〔二〕孔子與之坐而問焉　"之"，正平本作"人"。
〔三〕再言使乎者　"者"，正平本無。
〔四〕孔安國曰不越其職　此八字正平本無。
〔五〕君子恥其言而過其行　"而"，正平本作"之"。

158

惑，勇者不懼。"子貢曰："夫子自道也。"

（十四·二十九）

　　子貢方人。[一]子曰："賜也賢乎哉[一]？夫我則不暇。"[二]

　　［一］孔安國曰："比方人也。"
　　［二］孔安國曰："不暇比方人也。"

（十四·三十）

　　子曰："不患人之不己知，患其不能也[二]。"[一]

　　［一］王肅曰："徒患己之無能。"

（十四·三十一）

　　子曰："不逆詐，不億不信，抑亦先覺者，是賢乎！"[一]

　　［一］孔安國曰："先覺人情者，是寧能爲賢乎？或時反怨人。"

（十四·三十二）

　　微生畝謂孔子曰："丘何爲是栖栖者與？無乃爲佞乎？"[一]孔子曰[三]："非敢爲佞也，疾固也。"[二]

　　［一］苞氏曰："微生，姓。畝，名。"
　　［二］苞氏曰："疾世固陋，欲行道以化之[四]。"

────────

〔一〕賜也賢乎哉　"哉"，正平本作"我"。
〔二〕患其不能也　此五字正平本作"患己無能也"。
〔三〕孔子曰　"曰"上，正平本有"對"字。
〔四〕欲行道以化之　"之"，正平本作"人"。

159

(十四·三十三)

　　子曰："驥不稱其力，稱其德也。"[一]

　　[一] 鄭玄曰："德者，調良之謂[一]。"

(十四·三十四)

　　或曰："以德報怨，何如？"子曰："何以報德？[一] 以直報怨，以德報德。"

　　[一] 德，恩惠之德。

(十四·三十五)

　　子曰："莫我知也夫！"子貢曰："何爲其莫知子也？"[一] 子曰："不怨天，不尤人，[二] 下學而上達，[三] 知我者其天乎！"[四]

　　[一] 子貢怪夫子言何爲莫知己，故問。
　　[二] 馬融曰："孔子不用於世，而不怨天；人不知己，亦不尤人。"
　　[三] 孔安國曰："下學人事，上知天命。"
　　[四] 聖人與天地合其德，故曰唯天知己。

(十四·三十六)

　　公伯寮愬子路於季孫。[一] 子服景伯以告，[二] 曰："夫子固有惑志於公伯寮，[三] 吾力猶能肆諸市朝。"[四] 子曰："道之將行也與，命也；道之將廢也與，命也。公伯寮其如

〔一〕 調良之謂　此四字正平本作"謂調良之德也"。

160

命何！"

　　［一］馬融曰："愬，譖也。伯寮，魯人，弟子也。"
　　［二］孔安國曰〔一〕："魯大夫子服何忌也。告，告孔子。"
　　［三］孔安國曰："季孫信譖，恚子路。"
　　［四］鄭玄曰："吾勢力猶能辯子路之無罪於季孫〔二〕，使之誅伯寮而肆之。有罪既刑，陳其尸曰肆。"

（十四·三十七）

　　子曰："賢者辟世〔三〕，[一] 其次辟地，[二] 其次辟色，[三] 其次辟言。"[四] 子曰："作者七人矣。"[五]

　　［一］孔安國曰："世主莫得而臣〔四〕。"
　　［二］馬融曰："去亂國，適治邦。"
　　［三］孔安國曰："色斯舉矣。"
　　［四］孔安國曰："有惡言乃去之〔五〕。"
　　［五］苞氏曰："作，爲也。爲之者凡七人，謂長沮、桀溺、丈人、石門、荷蕢〔六〕、儀封人、楚狂接輿。"

（十四·三十八）

　　子路宿於石門〔七〕。晨門曰："奚自？"[一] 子路曰："自孔

〔一〕孔安國曰　此四字正平本作"馬融曰"。
〔二〕吾勢力猶能辯子路之無罪於季孫　"勢力猶能"，正平本作"勢能"。
〔三〕賢者辟世　"辟"，正平本作"避"，下同。
〔四〕世主莫得而臣　"臣"下，正平本有"之也"二字。
〔五〕有惡言乃去之　"之"，正平本作"也"，阮本無。
〔六〕荷蕢　"蕢"，正平本作"簣"，下同。
〔七〕子路宿於石門　"石門"二字，正平本重。

161

氏。"曰："是知其不可而爲之者與？"[二]

[一] 晨門者，閽人也。
[二] 苞氏曰："言孔子知世不可爲而強爲之。"

（十四·三十九）

子擊磬於衞。有荷蕢而過孔氏之門者[一]，曰："有心哉，擊磬乎！"[一] 既而曰："鄙哉，硜硜乎！莫己知也，斯己而已矣。[二] '深則厲，淺則揭。'"[三] 子曰："果哉！末之難矣。"[四]

[一] 蕢，草器也。有心，謂契契然。
[二] 此硜硜者[二]，徒信己而已，言亦無益。
[三] 苞氏曰："以衣涉水爲厲。揭，揭衣也。言隨世以行己，若過水必以濟，知其不可，則當不爲。"
[四] 未知己志而便譏己，所以爲果。末，無也。無難者[三]，以其不能解己之道[四]。

（十四·四十）

子張曰："《書》云：'高宗諒陰，三年不言。'何謂也？"[一] 子曰："何必高宗，古之人皆然。君薨，百官總己[二]以聽於冢宰三年。"[三]

〔一〕 有荷蕢而過孔氏之門者　"孔氏"，正平本作"孔子"。
〔二〕 此硜硜者　"者"，正平本無。
〔三〕 無難者　"無"下，正平本有"以"字。
〔四〕 以其不能解己之道　"之"，正平本無。

［一］孔安國曰："高宗，殷之中興王武丁也。諒，信也。陰，猶默也。"

［二］馬融曰："己[一]，百官。"

［三］孔安國曰："冢宰，天官卿[二]，佐王治者。三年喪畢，然後王自聽政。"

（十四·四十一）

子曰："上好禮，則民易使也。"[一]

［一］民莫敢不敬，故易使[三]。

（十四·四十二）

子路問君子。子曰："脩己以敬[四]。"[一]曰："如斯而已乎？"曰："脩己以安人。"[二]曰："如斯而已乎？"曰："脩己以安百姓。脩己以安百姓，堯、舜其猶病諸！"[三]

［一］孔安國曰："敬其身。"

［二］孔安國曰："人，謂朋友九族。"

［三］孔安國曰："病，猶難也。"

（十四·四十三）

原壤夷俟。[一]子曰："幼而不孫弟，長而無述焉，老而不死，是爲賊。"[二]以杖叩其脛。[三]

────────

〔一〕己　"己"，正平本重。

〔二〕天官卿　"卿"，正平本無。

〔三〕故易使　"使"下，正平本有"之也"二字。

〔四〕脩己以敬　"敬"下，正平本有"人"字。

［一］馬融曰："原壤，魯人，孔子故舊。夷，踞。俟，待也。踞待孔子。"

［二］賊，爲賊害[一]。

［三］孔安國曰："叩，擊也。脛，腳脛。"

(十四・四十四)

　　闕黨童子將命[二]。[一]或問之曰："益者與？"子曰："吾見其居於位也[三]，[二]見其與先生並行也。非求益者也，欲速成者也。"[三]

［一］馬融曰："闕黨之童子將命者，傳賓主之語出入[四]。"

［二］童子隅坐無位，成人乃有位。

［三］苞氏曰："先生，成人也。並行，不差在後，違禮。欲速成人者[五]，則非求益者也。"

〔一〕 爲賊害 "爲"，阮本作"謂"。

〔二〕 闕黨童子將命 "命"下，正平本有"矣"字。

〔三〕 吾見其居於位也 "居"，正平本作"踞"。

〔四〕 傳賓主之語出入 "入"下，正平本有"之也"二字。

〔五〕 欲速成人者 此五字正平本作"欲速成者也"。

164

論語卷第八

衛靈公第十五

(十五・一)

衛靈公問陳於孔子。[一]孔子對曰:"俎豆之事,則嘗聞之矣。[二]軍旅之事,未之學也。"[三]明日遂行。在陳絕糧,從者病,莫能興。[四]子路慍見曰:"君子亦有窮乎[一]?"子曰:"君子固窮,小人窮斯濫矣。"[五]

[一] 孔安國曰:"軍陳行列之法。"

[二] 孔安國曰:"俎豆,禮器。"

[三] 鄭玄曰:"萬二千五百人爲軍,五百人爲旅。軍旅末事,本未立,不可教以末事[二]。"

[四] 孔安國曰:"從者,弟子。興,起也。孔子去衛如曹,曹不容,又之宋,宋遭匡人之難[三]。又之陳,會吳伐陳,陳亂,故乏食。"

[五] 濫,溢也。君子固亦有窮時,但不如小人窮則濫溢爲非[四]。

(十五・二)

子曰:"賜也,女以予爲多學而識之者與?"對曰:"然。[一]非與?"[二]曰:"非也。予一以貫之。"[三]

[一] 孔安國曰:"然,謂多學而識之。"

─────

〔一〕 君子亦有窮乎 "有",正平本無。
〔二〕 不可教以末事 "不"上,正平本有"則"字。
〔三〕 宋遭匡人之難 "宋",正平本無。
〔四〕 但不如小人窮則濫溢爲非 "則",正平本無。

〔二〕孔安國曰："問今不然〔一〕。"
　　〔三〕善有元，事有會，天下殊塗而同歸，百慮而一致，知其元則衆善舉矣。故不待多學，一以知之〔二〕。

(十五·三)

　　子曰："由，知德者鮮矣。"〔一〕

　　〔一〕王肅曰："君子固窮，而子路慍見，故謂之少於知德〔三〕。"

(十五·四)

　　子曰："無爲而治者，其舜也與？夫何爲哉，恭己正南面而已矣。"〔一〕

　　〔一〕言任官得其人，故無爲而治。

(十五·五)

　　子張問行。子曰："言忠信，行篤敬，雖蠻貊之邦行矣。言不忠信，行不篤敬，雖州里行乎哉？〔一〕立則見其參於前也〔四〕，在輿則見其倚於衡也，夫然後行。"〔二〕子張書諸紳。〔三〕

　　〔一〕鄭玄曰："萬二千五百家爲州，五家爲鄰，五鄰爲里。行乎哉，言不可行。"

〔一〕問今不然　"然"下，正平本有"邪也"二字。
〔二〕一以知之　此四字阮本作"而一知之"。
〔三〕故謂之少於知德　"德"下，正平本有"者也"二字。
〔四〕立則見其參於前也　"參"下，正平本有"然"字。

［二］苞氏曰："衡，軛也〔一〕。言思念忠信，立則常想見，參然在目前〔二〕，在輿則若倚車軛〔三〕。"

［三］孔安國曰："紳，大帶。"

(十五·六)

子曰："直哉史魚！〔一〕邦有道，如矢；邦無道，如矢。〔二〕君子哉蘧伯玉！邦有道，則仕；邦無道，則可卷而懷之〔四〕。"〔三〕

［一］孔安國曰："衛大夫史鰌。"

［二］孔安國曰："有道無道，行直如矢，言不曲〔五〕。"

［三］苞氏曰："卷而懷，謂不與時政，柔順不忤於人。"

(十五·七)

子曰："可與言而不與言，失人；不可與言而與之言〔六〕，失言。知者不失人，亦不失言。"

(十五·八)

子曰："志士仁人，無求生以害仁，有殺身以成仁。"〔一〕

［一］孔安國曰："無求生以害仁〔七〕，死而後成仁，則志士仁人不愛

〔一〕 軛也 "軛"，正平本作"扼"，下同。
〔二〕 參然在目前 "目"，正平本無。
〔三〕 在輿則若倚車軛 "車"，正平本作"衡"。
〔四〕 則可卷而懷之 "之"，正平本作"也"。
〔五〕 言不曲 此三字正平本作"不曲也"。
〔六〕 不可與言而與之言 "與之言"，正平本作"與言之"。
〔七〕 無求生以害仁 "以"，正平本作"而"。

169

其身也。"

(十五·九)

　　子貢問爲仁。子曰："工欲善其事，必先利其器。居是邦也，事其大夫之賢者，友其士之仁者。"[一]

　　[一] 孔安國曰："言工以利器爲用，人以賢友爲助。"

(十五·十)

　　顏淵問爲邦。子曰："行夏之時，[一] 乘殷之輅，[二] 服周之冕，[三] 樂則《韶》舞，[四] 放鄭聲，遠佞人。鄭聲淫，佞人殆。"[五]

　　[一] 據見萬物之生，以爲四時之始，取其易知。
　　[二] 馬融曰："殷車曰大輅。《左傳》曰：'大輅越席，昭其儉也。'"
　　[三] 苞氏曰："冕，禮冠。周之禮文而備，取其黈纊塞耳，不任視聽。"
　　[四]《韶》，舜樂也，盡善盡美，故取之。
　　[五] 孔安國曰："鄭聲、佞人亦俱能感人心，與雅樂、賢人同，而使人淫亂危殆，故當放遠之〔一〕。"

(十五·十一)

　　子曰："人無遠慮〔二〕，必有近憂。"[一]

――――――――――

〔一〕 故當放遠之 "之"，正平本作 "也"。
〔二〕 人無遠慮 "人"下，正平本有 "而"字。

170

〔一〕王肅曰:"君子當思患而預防之〔一〕。"

(十五·十二)

子曰:"已矣乎！吾未見好德如好色者也。"

(十五·十三)

子曰:"臧文仲其竊位者與！知柳下惠之賢而不與立也。"〔一〕

〔一〕孔安國曰:"柳下惠,展禽也。知賢而不舉〔二〕,是爲竊位〔三〕。"

(十五·十四)

子曰:"躬自厚而薄責於人,則遠怨矣。"〔一〕

〔一〕孔安國曰:"責己厚〔四〕,責人薄,所以遠怨咎。"

(十五·十五)

子曰:"不曰'如之何,〔一〕如之何'者,吾末如之何也已矣。"〔二〕

〔一〕孔安國曰:"不曰如之何者,猶言不曰奈是何〔五〕。"
〔二〕孔安國曰:"如之何者,言禍難已成,吾亦無如之何。"

―――――――
〔一〕王肅曰……預防之　此十二字正平本無。
〔二〕知賢而不舉　"知"下,正平本有"其"字。
〔三〕是爲竊位　此四字正平本作"爲竊位也"。
〔四〕責己厚　"責"上,正平本有"自"字。
〔五〕猶言不曰奈是何　"言",正平本無。

171

(十五・十六)

子曰："群居終日，言不及義，好行小慧，難矣哉。"[一]

［一］鄭玄曰："小慧，謂小小之才知[一]。難矣哉，言終無成。"

(十五・十七)

子曰："君子義以爲質，禮以行之，孫以出之，信以成之。君子哉！"[一]

［一］鄭玄曰："義以爲質，謂操行。孫以出之，謂言語[二]。"

(十五・十八)

子曰："君子病無能焉，不病人之不己知也。"[一]

［一］苞氏曰："君子之人，但病無聖人之道，不病人之不知己[三]。"

(十五・十九)

子曰："君子疾沒世而名不稱焉。"[一]

［一］疾，猶病也。

(十五・二十)

子曰："君子求諸己，小人求諸人。"[一]

［一］君子責己，小人責人。

〔一〕謂小小之才知　"之"，正平本無。
〔二〕鄭玄曰……謂言語　此十七字正平本無。
〔三〕苞氏曰……不知己　此二十一字正平本無。

172

（十五·二十一）

　　子曰："君子矜而不爭，[一] 群而不黨。"[二]

　　[一] 苞氏曰："矜，矜莊也。"
　　[二] 孔安國曰："黨，助也。君子雖衆，不相私助，義之與比[一]。"

（十五·二十二）

　　子曰："君子不以言舉人，[一] 不以人廢言。"[二]

　　[一] 苞氏曰："有言者不必有德，故不可以言舉人[二]。"
　　[二] 王肅曰："不可以無德而廢善言[三]。"

（十五·二十三）

　　子貢問曰："有一言而可以終身行之者乎[四]？"子曰："其恕乎！己所不欲，勿施於人。"[一]

　　[一] 言己之所惡，勿加施於人[五]。

（十五·二十四）

　　子曰："吾之於人也，誰毀誰譽？如有所譽者[六]，其有所試矣。[一] 斯民也，三代之所以直道而行也。"[二]

〔一〕　義之與比　"比"下，正平本有"之也"二字。
〔二〕　故不可以言舉人　"以"，正平本作"必"。
〔三〕　王肅曰……廢善言　此十二字正平本無。
〔四〕　有一言而可以終身行之者乎　"之"，正平本無。
〔五〕　言己之所惡勿加施於人　此十字正平本無。
〔六〕　如有所譽者　"所"，正平本作"可"。

[一] 苞氏曰:"所譽者[一],輒試以事,不虛譽而已[二]。"

[二] 馬融曰:"三代,夏、殷、周。用民如此,無所阿私,所以云直道而行。"

(十五·二十五)

子曰:"吾猶及史之闕文也。[一]有馬者借人乘之,今亡矣夫[三]。"[二]

[一] 苞氏曰:"古之良史[四],於書字有疑則闕之,以待知者。"

[二] 苞氏曰:"有馬不能調良,則借人乘習之[五]。孔子自謂及見其人如此,至今無有矣。言此者,以俗多穿鑿。"

(十五·二十六)

子曰:"巧言亂德。小不忍,則亂大謀[六]。"[一]

[一] 孔安國曰:"巧言利口,則亂德義。小不忍,則亂大謀。"

(十五·二十七)

子曰:"眾惡之,必察焉。眾好之,必察焉。"[一]

[一] 王肅曰:"或眾阿黨比周,或其人特立不群,故好惡不可不察也。"

〔一〕 所譽者 "者",正平本無。
〔二〕 不虛譽而已 此五字正平本作"不空譽而已矣"。
〔三〕 今亡矣夫 "今"下,正平本有"則"字。
〔四〕 古之良史 "良",正平本無。
〔五〕 則借人乘習之 "乘",正平本作"使"。
〔六〕 則亂大謀 "則",正平本無。

(十五·二十八)

　　子曰:"人能弘道,非道弘人。"[一]

　[一] 王肅曰[一]:"才大者道隨大[二],才小者道隨小,故不能弘人。"

(十五·二十九)

　　子曰:"過而不改,是謂過矣。"

(十五·三十)

　　子曰:"吾嘗終日不食,終夜不寢,以思,無益,不如學也。"

(十五·三十一)

　　子曰:"君子謀道不謀食。耕也,餒在其中矣;學也,祿在其中矣。君子憂道不憂貧。"[一]

　[一] 鄭玄曰:"餒,餓也。言人雖念耕而不學,故飢餓。學則得祿,雖不耕而不餒[二]。此勸人學。"

(十五·三十二)

　　子曰:"知及之,仁不能守之,雖得之,必失之。[一]知及之,仁能守之,不莊以涖之,則民不敬。[二]知及之,仁能守之,莊以涖之,動之不以禮,未善也。"[三]

───────────

〔一〕 王肅曰　此三字正平本無。
〔二〕 才大者道隨大　"才",正平本作"材",下同。
〔三〕 雖不耕而不餒　"餒",正平本作"飢"。

175

[一] 苞氏曰："知能及治其官，而仁不能守，雖得之，必失之。"

[二] 苞氏曰："不嚴以臨之，則民不敬從其上[一]。"

[三] 王肅曰："動必以禮，然後善。"

(十五·三十三)

子曰："君子不可小知，而可大受也；小人不可大受，而可小知也。"[一]

[一] 王肅曰[二]："君子之道深遠，不可小了知而可大受。小人之道淺近，可小了知而不可大受也。"

(十五·三十四)

子曰："民之於仁也，甚於水火。[一]水火，吾見蹈而死者矣，未見蹈仁而死者也。"[二]

[一] 馬融曰："水火及仁，皆民所仰而生者[三]，仁最為甚。"

[二] 馬融曰："蹈水火或時殺人，蹈仁未嘗殺人。"

(十五·三十五)

子曰："當仁不讓於師。"[一]

[一] 孔安國曰："當行仁之事，不復讓於師，言行仁急[四]。"

〔一〕 則民不敬從其上 "其"，正平本無。
〔二〕 王肅曰 此三字正平本無。
〔三〕 皆民所仰而生者 "皆"，阮本作 "故"。
〔四〕 言行仁急 此四字正平本作 "行仁急也"。

論語卷第八　衛靈公第十五

(十五·三十六)

　　子曰："君子貞而不諒。"[一]

　[一] 孔安國曰："貞，正。諒，信也。君子之人，正其道耳，言不必小信[一]。"

(十五·三十七)

　　子曰："事君，敬其事而後其食。"[一]

　[一] 孔安國曰："先盡力而後食祿[二]。"

(十五·三十八)

　　子曰："有教無類。"[一]

　[一] 馬融曰："言人所在見教[三]，無有種類。"

(十五·三十九)

　　子曰："道不同，不相爲謀。"

(十五·四十)

　　子曰："辭達而已矣。"[一]

　[一] 孔安國曰[四]："凡事莫過於實[五]，辭達則足矣，不煩文豔

〔一〕言不必小信　"小信"，正平本作"信也"。
〔二〕先盡力而後食祿　"而後"，正平本作"然後"。
〔三〕言人所在見教　"所"，正平本無。
〔四〕孔安國曰　此四字正平本無。
〔五〕凡事莫過於實　"實"下，正平本有"足也"二字。

之辭〔一〕。"

(十五·四十一)

師冕見，[一]及階。子曰："階也。"及席，子曰："席也。"皆坐，子告之曰："某在斯，某在斯。"[二]師冕出。子張問曰："與師言之道與？"子曰："然。固相師之道也。"[三]

[一] 孔安國曰："師，樂人盲者。名冕。"
[二] 孔安國曰："歷告以坐中人姓字、所在處[二]。"
[三] 馬融曰："相，導也。"

〔一〕 不煩文豔之辭 "文豔"，阮本作 "豔文"。
〔二〕 歷告以坐中人姓字所在處 "字"下，正平本有 "及"字。

季氏第十六

(十六・一)

　　季氏將伐顓臾。冉有、季路見於孔子曰:"季氏將有事於顓臾。"[一] 孔子曰:"求!無乃爾是過與?[二] 夫顓臾,昔者先王以爲東蒙主,[三] 且在邦域之中矣,[四] 是社稷之臣也。何以伐爲〔一〕?"[五] 冉有曰:"夫子欲之,吾二臣者皆不欲也。"[六] 孔子曰:"求!周任有言曰:'陳力就列,不能者止。'[七] 危而不持,顛而不扶,則將焉用彼相矣?[八] 且爾言過矣,虎兕出於柙,龜玉毀於櫝中〔二〕,是誰之過與?"[九] 冉有曰:"今夫顓臾,固而近於費。[一〇] 今不取,後世必爲子孫憂。"孔子曰:"求!君子疾夫[一一] 舍曰欲之而必爲之辭〔三〕。[一二] 丘也聞有國有家者,不患寡而患不均,[一三] 不患貧而患不安。[一四] 蓋均無貧,和無寡,安無傾。[一五] 夫如是,故遠人不服,則脩文德以來之。既來之,則安之。今由與求也,相夫子,遠人不服而不能來也,邦分崩離析而不能守也。[一六] 而謀動干戈於邦內。[一七] 吾恐季孫之憂,不在顓臾〔四〕,而在蕭牆之內也。"[一八]

　　[一] 孔安國曰:"顓臾,伏羲之後〔五〕,風姓之國,本魯之附庸,當

〔一〕 何以伐爲 "伐爲",正平本作"爲伐也"。
〔二〕 龜玉毀於櫝中 "於",正平本無。
〔三〕 舍曰欲之而必爲之辭 "必"下,正平本有"更"字。
〔四〕 不在顓臾 "在"下,正平本有"於"字。
〔五〕 伏羲之後 "伏羲",正平本作"宓義"。

時臣属魯。季氏貪其土地〔一〕，欲滅而取之〔二〕。冉有與季路爲季氏臣，來告孔子。"

[二] 孔安國曰："冉求爲季氏宰，相其室，爲之聚斂，故孔子獨疑求教之。"

[三] 孔安國曰："使主祭蒙山。"

[四] 孔安國曰："魯七百里之封〔三〕，顓臾爲附庸，在其域中。"

[五] 孔安國曰："已属魯，爲社稷之臣，何用滅之爲。"

[六] 孔安國曰："歸咎於季氏。"

[七] 馬融曰："周任，古之良史〔四〕。言當陳其才力〔五〕，度己所任，以就其位，不能則當止。"

[八] 苞氏曰："言輔相人者，當能持危扶顛。若不能，何用相爲？"

[九] 馬融曰："柙，檻也。櫝，匱也。失虎毀玉，豈非典守之過邪〔六〕？"

[一〇] 馬融曰："固，謂城郭完堅、兵甲利也。費，季氏邑〔七〕。"

[一一] 孔安國曰："疾如汝之言。"

[一二] 孔安國曰："舍其貪利之説，而更作他辭〔八〕，是所疾也。"

[一三] 孔安國曰："國，諸侯。家，卿大夫〔九〕。不患土地人民之寡

〔一〕 季氏貪其土地　"土"，正平本無。
〔二〕 欲滅而取之　"取"，正平本作"有"。
〔三〕 魯七百里之封　"封"，正平本作"邦"。
〔四〕 古之良史　"史"，正平本作"吏"。
〔五〕 言當陳其才力　"陳其才力"，正平本作"陳才事"。
〔六〕 失虎……之過邪　此十一字正平本作"非典守者之過邪也"。
〔七〕 季氏邑　此三字正平本作"季氏之邑也"。
〔八〕 而更作他辭　"而"，正平本無。
〔九〕 國諸侯家卿大夫　"國""家"下，正平本並有"者"字。

180

少，患政理之不均平〔一〕。"

[一四] 孔安國曰："憂不能安民耳。民安則國富。"

[一五] 苞氏曰："政教均平，則不貧矣〔二〕。上下和同，不患寡矣。小大安寧，不傾危矣。"

[一六] 孔安國曰："民有異心曰分〔三〕，欲去曰崩，不可會聚曰離析。"

[一七] 孔安國曰："干，楯也。戈，戟也。"

[一八] 鄭玄曰："蕭之言肅也。牆謂屏也〔四〕。君臣相見之禮，至屏而加肅敬焉，是以謂之蕭牆。後季氏家臣陽虎果囚季桓子〔五〕。"

（十六·二）

孔子曰："天下有道，則禮樂征伐自天子出；天下無道，則禮樂征伐自諸侯出。自諸侯出，蓋十世希不失矣；〔一〕自大夫出，五世希不失矣；〔二〕陪臣執國命，三世希不失矣。〔三〕天下有道，則政不在大夫。〔四〕天下有道，則庶人不議。"〔五〕

[一] 孔安國曰："希，少也。周幽王爲犬戎所殺，平王東遷，周始微弱。諸侯自作禮樂，專行征伐〔六〕，始於隱公，至昭公十

〔一〕 患政理之不均平　"理"，正平本作"治"。
〔二〕 則不貧矣　"不"下，正平本有"患"字。
〔三〕 民有異心曰分　"異"，阮本作"畏"。
〔四〕 牆謂屏也　"牆"上，正平本有"蕭"字。
〔五〕 後季氏家臣陽虎果囚季桓子　"家"上，正平本有"之"字。
〔六〕 專行征伐　"行"，正平本無。

世[一]，失政死於乾侯。"

［二］孔安國曰："季文子初得政，至桓子五世，爲家臣陽虎所囚。"

［三］馬融曰："陪，重也，謂家臣。陽虎爲季氏家臣[二]，至虎三世，而出奔齊。"

［四］孔安國曰："制之由君。"

［五］孔安國曰："無所非議。"

（十六·三）

孔子曰："祿之去公室五世矣，[一] 政逮於大夫四世矣，[二] 故夫三桓之子孫微矣。"[三]

［一］鄭玄曰："言此之時，魯定公之初。魯自東門襄仲殺文公之子赤而立宣公，於是政在大夫，爵祿不從君出，至定公爲五世矣。"

［二］孔安國曰[三]："文子、武子、悼子、平子。"

［三］孔安國曰："三桓[四]，謂仲孫、叔孫、季孫。三卿皆出桓公，故曰三桓也。仲孫氏改其氏稱孟氏。至哀公皆衰。"

（十六·四）

孔子曰："益者三友，損者三友。友直，友諒，友多聞，益矣。友便辟[五]，[一] 友善柔，[二] 友便佞，損矣。"[三]

〔一〕 至昭公十世 "昭公"，正平本作 "照公"。
〔二〕 陽虎爲季氏家臣 "陽虎"，正平本作 "陽氏"。
〔三〕 孔安國曰 此四字正平本作 "鄭玄曰"。
〔四〕 三桓 "桓"下，正平本有 "者"字。
〔五〕 友便辟 "辟"，正平本作 "僻"。

［一］馬融曰："便辟〔一〕，巧辟人之所忌〔二〕，以求容媚。"

［二］馬融曰："面柔也。"

［三］鄭玄曰："便，辯也〔三〕，謂佞而辯〔四〕。"

（十六·五）

孔子曰："益者三樂，損者三樂。樂節禮樂，[一] 樂道人之善，樂多賢友，益矣。樂驕樂，[二] 樂佚遊，[三] 樂宴樂，損矣。"[四]

［一］動得禮樂之節。

［二］孔安國曰："恃尊貴以自恣〔五〕。"

［三］王肅曰："佚遊，出入不節〔六〕。"

［四］孔安國曰："宴樂，沈荒淫瀆〔七〕。三者自損之道。"

（十六·六）

孔子曰："侍於君子有三愆：[一] 言未及之而言謂之躁，[二] 言及之而不言謂之隱〔八〕，[三] 未見顏色而言謂之瞽。"[四]

［一］孔安國曰："愆，過也。"

［二］鄭玄曰："躁，不安靜。"

〔一〕 便辟 "辟"，正平本無。
〔二〕 巧辟人之所忌 "之"，正平本無。
〔三〕 辯也 "辯"，正平本作"辨"。
〔四〕 謂佞而辯 "辯"，正平本、阮本並作"辨"。
〔五〕 恃尊貴以自恣 "自"，正平本作"郎"。
〔六〕 出入不節 "不"下，正平本有"知"字。
〔七〕 沈荒淫瀆 "沈"，正平本作"沉"。
〔八〕 言及之而不言謂之隱 "而"，正平本無。

[三] 孔安國曰："隱匿不盡情實。"

[四] 周生烈曰："未見君子顏色所趨向〔一〕，而便逆先意語者，猶瞽也〔二〕。"

(十六・七)

孔子曰："君子有三戒：少之時，血氣未定，戒之在色；及其壯也，血氣方剛，戒之在鬭；及其老也，血氣既衰，戒之在得。"[一]

[一] 孔安國曰："得，貪得。"

(十六・八)

孔子曰："君子有三畏：畏天命，[一] 畏大人，[二] 畏聖人之言。[三] 小人不知天命而不畏也，[四] 狎大人，[五] 侮聖人之言。"[六]

[一] 順吉逆凶，天之命也。
[二] 大人即聖人，與天地合其德〔三〕。
[三] 深遠不可易知測〔四〕，聖人之言也。
[四] 恢疎，故不知畏。
[五] 直而不肆，故狎之。
[六] 不可小知，故侮之。

〔一〕 未見君子顏色所趨向 "向"，阮本作"嚮"。
〔二〕 猶瞽也 "瞽"下，正平本有"者"字。
〔三〕 與天地合其德 "德"下，正平本有"者也"二字。
〔四〕 深遠不可易知測 "測"，正平本作"則"。

(十六·九)

　　孔子曰："生而知之者，上也；學而知之者，次也；困而學之，又其次也；[一]困而不學，民斯爲下矣。"

　[一] 孔安國曰："困，謂有所不通[一]。"

(十六·十)

　　孔子曰："君子有九思：視思明，聽思聰，色思溫，貌思恭，言思忠，事思敬，疑思問，忿思難，見得思義。"

(十六·十一)

　　孔子曰："見善如不及，見不善如探湯。吾見其人矣，吾聞其語矣[二]。[一]隱居以求其志，行義以達其道。吾聞其語矣，未見其人也。"

　[一] 孔安國曰："探湯，喻去惡疾。"

(十六·十二)

　　齊景公有馬千駟，死之日，民無德而稱焉[三]。[一]伯夷、叔齊餓于首陽之下，[二]民到于今稱之。其斯之謂與[四]？[三]

　[一] 孔安國曰："千駟，四千匹。"
　[二] 馬融曰："首陽山在河東蒲坂縣[五]，華山之北，河曲之中。"

─────────
〔一〕 謂有所不通 "通"下，正平本有"之也"二字。
〔二〕 吾聞其語矣 "矣"，正平本無。
〔三〕 民無德而稱焉 "德"，正平本作"得"。
〔四〕 其斯之謂與 "之"，正平本無。
〔五〕 首陽山在河東蒲坂縣 "縣"，正平本無。

[三]王肅曰:"此所謂以德爲稱[一]。"

(十六·十三)

陳亢問於伯魚曰:"子亦有異聞乎?"[一]對曰:"未也。嘗獨立,[二]鯉趨而過庭。曰:'學《詩》乎?'對曰:'未也。''不學《詩》[二],無以言。'鯉退而學《詩》。他日,又獨立,鯉趨而過庭。曰:'學禮乎?'對曰:'未也。''不學禮,無以立。'鯉退而學禮。聞斯二者[三]。"陳亢退而喜曰[四]:"問一得三,聞《詩》,聞禮,又聞君子之遠其子也。"

    [一]馬融曰:"以爲伯魚,孔子之子,所聞當有異。"
    [二]孔安國曰:"獨立,謂孔子。"

(十六·十四)

邦君之妻,君稱之曰夫人,夫人自稱曰小童;邦人稱之曰君夫人,稱諸異邦曰寡小君;異邦人稱之,亦曰君夫人。[一]

    [一]孔安國曰:"小君,君夫人之稱。對異邦謙,故曰寡小君。當此之時[五],諸侯嫡妾不正,稱號不審,故孔子正言其禮也。"

〔一〕 此所謂以德爲稱 "稱"下,正平本有"者也"二字。
〔二〕 不學詩 "不"上,正平本有"曰"字。
〔三〕 聞斯二者 "者",正平本作"矣"。
〔四〕 陳亢退而喜曰 "而",正平本無。
〔五〕 當此之時 "之",正平本無。

論語卷第九

陽貨第十七

(十七·一)

　　陽貨欲見孔子，孔子不見，[一]歸孔子豚。[二]孔子時其亡也，而往拜之。遇諸塗。[三]謂孔子曰："來！予與爾言。"曰："懷其寶而迷其邦，可謂仁乎？"曰："不可。"[四]"好從事而亟失時，可謂知乎〔一〕？"曰："不可。"[五]"日月逝矣，歲不我與。"[六]孔子曰："諾，吾將仕矣。"[七]

　　［一］孔安國曰："陽貨，陽虎也，季氏家臣，而專魯國之政。欲見孔子，使仕。"
　　［二］孔安國曰："欲使往謝，故遺孔子豚。"
　　［三］孔安國曰："塗，道也。於道路與相逢。"
　　［四］馬融曰："言孔子不仕，是懷寶也。知國不治而不為政，是迷邦也。"
　　［五］孔安國曰："言孔子栖栖好從事，而數不遇，失時，不得為有知〔二〕。"
　　［六］馬融曰："年老，歲月已往，當急仕。"
　　［七］孔安國曰："以順辭免〔三〕。"

(十七·二)

　　子曰："性相近也，習相遠也。"[一]子曰："唯上知與下

〔一〕可謂知乎　"知"，正平本作"智"，注同。不再重復出校。
〔二〕不得為有知　"得"，正平本無。
〔三〕以順辭免　"免"下，正平本有"害也"二字。

愚不移。"［二］

　　［一］孔安國曰："君子慎所習。"
　　［二］孔安國曰："上知不可使爲惡〔一〕，下愚不可使强賢。"

（十七·三）

　　子之武城，聞弦歌之聲。［一］夫子莞爾而笑，［二］曰："割雞焉用牛刀？"［三］子游對曰："昔者偃也聞諸夫子曰：'君子學道則愛人，小人學道則易使也。'"［四］子曰："二三子！［五］偃之言是也。前言戲之耳。"［六］

　　［一］孔安國曰："子游爲武城宰。"
　　［二］莞爾，小笑貌。
　　［三］孔安國曰："言治小何須用大道。"
　　［四］孔安國曰："道，謂禮樂也〔二〕。樂以和人，人和則易使。"
　　［五］孔安國曰："從行者。"
　　［六］孔安國曰："戲以治小而用大道。"

（十七·四）

　　公山弗擾以費畔〔三〕，召，子欲往。［一］子路不說，曰："末之也已，何必公山氏之之也？"［二］子曰："夫召我者，而豈徒哉？如有用我者，吾其爲東周乎？"［三］

　　［一］孔安國曰："弗擾爲季氏宰，與陽虎共執季桓子，而召孔子。"

〔一〕 上知不可使爲惡　"可"下，正平本有"强"字。
〔二〕 謂禮樂也　"謂"，正平本無。
〔三〕 公山弗擾以費畔　"公山弗擾"，正平本作"公山不擾"，注同。

〔二〕孔安國曰："之，適也。無可之則止〔一〕，何必公山氏之適。"
〔三〕興周道於東方，故曰東周。

(十七·五)

子張問仁於孔子。孔子曰〔二〕："能行五者於天下爲仁矣。""請問之。"曰："恭、寬、信、敏、惠。恭則不侮，〔一〕寬則得衆，信則人任焉，敏則有功，〔二〕惠則足以使人。"

〔一〕孔安國曰："不見侮慢。"
〔二〕孔安國曰："應事疾則多成功。"

(十七·六)

佛肸召，子欲往。〔一〕子路曰："昔者由也聞諸夫子曰：'親於其身爲不善者，君子不入也。'〔二〕佛肸以中牟畔，子之往也，如之何？"子曰："然，有是言也〔三〕。不曰堅乎，磨而不磷；不曰白乎，涅而不緇。〔三〕吾豈匏瓜也哉？焉能繫而不食？"〔四〕

〔一〕孔安國曰："晉大夫趙簡子之邑宰。"
〔二〕孔安國曰〔四〕："不入其國。"
〔三〕孔安國曰："磷，薄也。涅，可以染皂。言至堅者磨之而不薄，至白者染之於涅而不黑〔五〕。喻君子雖在濁亂〔六〕，濁亂不能污。"

――――――

〔一〕 無可之則止 "止"下，正平本有"耳"字。
〔二〕 孔子曰 "曰"上，正平本有"對"字。
〔三〕 有是言也 "也"，正平本作"曰"。
〔四〕 孔安國曰 此四字正平本無。
〔五〕 至白者染之於涅而不黑 此十字正平本作"至白者染之涅不黑"。
〔六〕 喻君子雖在濁亂 "喻"，正平本無。

[四] 匏，瓠也。言瓠瓜得繫一處者[一]，不食故也。吾自食物，當東西南北，不得如不食之物，繫滯一處。

(十七·七)

子曰："由也！女聞六言六蔽矣乎？"[一] 對曰："未也。""居，吾語汝。[二] 好仁不好學，其蔽也愚；[三] 好知不好學，其蔽也蕩；[四] 好信不好學，其蔽也賊；[五] 好直不好學，其蔽也絞；好勇不好學，其蔽也亂；好剛不好學，其蔽也狂。"[六]

[一] 六言六蔽者[二]，謂下六事[三]：仁、知、信、直、勇、剛也。
[二] 孔安國曰："子路起對，故使還坐。"
[三] 孔安國曰："仁者愛物，不知所以裁之則愚。"
[四] 孔安國曰："蕩，無所適守。"
[五] 孔安國曰："父子不知相爲隱之輩。"
[六] 孔安國曰："狂，妄抵觸人。"

(十七·八)

子曰："小子何莫學夫《詩》？[一]《詩》，可以興，[二] 可以觀，[三] 可以群，[四] 可以怨，[五] 邇之事父，遠之事君。[六] 多識於鳥獸草木之名。"子謂伯魚曰："女爲《周南》《召南》矣乎[四]？人而不爲《周南》《召南》，其猶正牆面而

〔一〕 言瓠瓜得繫一處者　"瓠"下，正平本有"匏"字。
〔二〕 六言六蔽者　"者"，正平本無。
〔三〕 謂下六事　此四字正平本作"下六事謂"。
〔四〕 女爲周南召南矣乎　"召"，正平本作"邵"，下同。

立也與?"〔七〕

　　〔一〕苞氏曰:"小子,門人也。"
　　〔二〕孔安國曰:"興,引譬連類。"
　　〔三〕鄭玄曰:"觀風俗之盛衰〔一〕。"
　　〔四〕孔安國曰:"群居相切磋〔二〕。"
　　〔五〕孔安國曰:"怨刺上政。"
　　〔六〕孔安國曰:"邇,近也。"
　　〔七〕馬融曰:"《周南》《召南》,國風之始。樂得淑女〔三〕,以配君子,三綱之首,王教之端,故人而不爲,如向牆而立。"

(十七·九)

　　子曰:"禮云禮云,玉帛云乎哉?〔一〕樂云樂云,鐘鼓云乎哉〔四〕?"〔二〕

　　〔一〕鄭玄曰:"玉,圭璋之屬〔五〕。帛,束帛之屬。言禮非但崇此玉帛而已,所貴者,乃貴其安上治民。"
　　〔二〕馬融曰:"樂之所貴者,移風易俗,非謂鍾鼓而已。"

(十七·十)

　　子曰:"色厲而內荏,〔一〕譬諸小人,其猶穿窬之盜也與?"〔二〕

〔一〕 觀風俗之盛衰 "觀"上,正平本重"觀"字。
〔二〕 群居相切磋 "磋",阮本作"瑳"。
〔三〕 樂得淑女 "樂得",正平本無。
〔四〕 鐘鼓云乎哉 "鐘",正平本、阮本並作"鍾",注同。
〔五〕 圭璋之屬 "圭",正平本作"珪"。

193

[一] 孔安國曰："荏，柔也。爲外自矜厲而内柔佞[一]。"
[二] 孔安國曰："爲人如此，猶小人之有盜心。穿，穿壁。窬，窬牆[二]。"

(十七・十一)

子曰："鄉原，德之賊也。"[一]

[一] 周生烈曰："所至之鄉，輒原其人情[三]，而爲意以待之[四]，是賊亂德也。"一曰："鄉，向也，古字同。謂人不能剛毅，而見人輒原其趣向[五]，容媚而合之，言此所以賊德。"

(十七・十二)

子曰："道聽而塗説，德之棄也[六]。"[一]

[一] 馬融曰："聞之於道路，則傳而説之。"

(十七・十三)

子曰："鄙夫可與事君也與哉[七]？[一] 其未得之也[八]，患得之。[二] 既得之，患失之。苟患失之[九]，無所不至矣。"[三]

〔一〕爲外自矜厲而内柔佞　"爲"，正平本作"謂"。"佞"下，正平本有"者"字。
〔二〕窬牆　"牆"下，正平本有"之也"二字。
〔三〕輒原其人情　"輒"，正平本、阮本並作"輙"，下同。
〔四〕而爲意以待之　"意"上，正平本有"己"字。
〔五〕而見人輒原其趣向　"向"，阮本作"嚮"。
〔六〕德之棄也　"也"，正平本無。
〔七〕鄙夫可與事君也與哉　"也與"，正平本無。
〔八〕其未得之也　"也"，正平本無。
〔九〕苟患失之　"之"，正平本無。

[一] 孔安國曰:"言不可與事君。"
[二] 患得之者,患不能得之,楚俗言。
[三] 鄭玄曰:"無所不至者,言其邪媚無所不爲[一]。"

(十七‧十四)

子曰:"古者民有三疾,今也或是之亡也。[一] 古之狂也肆,[二] 今之狂也蕩;[三] 古之矜也廉,[四] 今之矜也忿戾;[五] 古之愚也直,今之愚也詐而已矣。"

[一] 苞氏曰:"言古者民疾與今時異。"
[二] 苞氏曰:"肆,極意敢言。"
[三] 孔安國曰:"蕩,無所據。"
[四] 馬融曰:"有廉隅。"
[五] 孔安國曰:"惡理多怒。"

(十七‧十五)

子曰:"巧言令色,鮮矣仁。"[一]

[一] 王肅曰:"巧言無實,令色無質[二]。"

(十七‧十六)

子曰:"惡紫之奪朱也[三],[一] 惡鄭聲之亂雅樂也[四],[二]

〔一〕 言其邪媚無所不爲 "其",正平本無。
〔二〕 子曰巧言……令色無質 此二十字正平本無。
〔三〕 惡紫之奪朱也 "也",正平本無。
〔四〕 惡鄭聲之亂雅樂也 "也",正平本無。

惡利口之覆邦家者〔一〕。"〔三〕

[一] 孔安國曰:"朱,正色。紫,閒色之好者。惡其邪好而奪正色。"

[二] 苞氏曰:"鄭聲,淫聲之哀者。惡其亂雅樂〔二〕。"

[三] 孔安國曰:"利口之人,多言少實,苟能悦媚時君,傾覆國家〔三〕。"

(十七‧十七)

子曰:"予欲無言。"子貢曰:"子如不言,則小子何述焉?"〔一〕子曰:"天何言哉?四時行焉,百物生焉,天何言哉?"

[一] 言之爲益少,故欲無言。

(十七‧十八)

孺悲欲見孔子,孔子辭以疾〔四〕。將命者出户,取瑟而歌,使之聞之。〔一〕

[一] 孺悲,魯人也。孔子不欲見,故辭之以疾〔五〕。爲其將命者不已〔六〕,故歌,令將命者悟,所以令孺悲思之〔七〕。

〔一〕 惡利口之覆邦家者 "者",正平本無。
〔二〕 惡其亂雅樂 "亂",正平本作"奪"。
〔三〕 傾覆國家 此四字正平本作"傾覆其國家也"。
〔四〕 孔子辭以疾 "辭"下,正平本有"之"字。
〔五〕 故辭之以疾 "之",正平本無。
〔六〕 爲其將命者不已 "已",正平本作"知己"。
〔七〕 所以令孺悲思之 "之",正平本作"也"。

(十七・十九)

宰我問："三年之喪，期已久矣。君子三年不爲禮，禮必壞；三年不爲樂，樂必崩。舊穀既沒，新穀既升，鑽燧改火，期可已矣。"[一]子曰："食夫稻，衣夫錦[一]，於女安乎？"曰："安[二]。""女安，則爲之。夫君子之居喪，食旨不甘，聞樂不樂，居處不安，故不爲也。今女安，則爲之！"[二]宰我出。曰："予之不仁也！子生三年，然後免於父母之懷。[三]夫三年之喪，天下之通喪也。[四]予也有三年之愛於其父母乎？"[五]

[一] 馬融曰："《周書・月令》有更火之文[三]：'春取榆柳之火，夏取棗杏之火，季夏取桑柘之火，秋取柞楢之火，冬取槐檀之火。'一年之中，鑽火各異木，故曰改火也。"

[二] 孔安國曰："旨，美也。責其無仁恩於親[四]，故再言'女安則爲之'。"

[三] 馬融曰："子生未三歲，爲父母所懷抱。"

[四] 孔安國曰："自天子達於庶人。"

[五] 孔安國曰："言其子之於父母[五]，欲報之恩[六]，昊天罔極，而予也有三年之愛乎？"

〔一〕 食夫稻衣夫錦 "稻""錦"下，正平本並有"也"字。
〔二〕 安 "安"下，正平本有"之"字。
〔三〕 周書月令有更火之文 "之文"，正平本無。
〔四〕 責其無仁恩於親 "恩"，正平本無。
〔五〕 言其子之於父母 "其"，正平本無。
〔六〕 欲報之恩 "恩"，正平本及《詩經・蓼莪》並作"德"。

（十七·二十）

子曰：“飽食終日，無所用心，難矣哉！不有博弈者乎？爲之，猶賢乎已。”[一]

［一］馬融曰：“爲其無所據樂善，生淫欲。”

（十七·二十一）

子路曰：“君子尚勇乎？”子曰：“君子義以爲上，君子有勇而無義爲亂，小人有勇而無義爲盜。”

（十七·二十二）

子貢曰[一]：“君子亦有惡乎？”子曰：“有惡：惡稱人之惡者，[一]惡居下流而訕上者，[二]惡勇而無禮者，惡果敢而窒者。”[三]曰：“賜也亦有惡乎？”“惡徼以爲知者，[四]惡不孫以爲勇者，惡訐以爲直者。”[五]

［一］苞氏曰：“好稱説人之惡[二]，所以爲惡。”
［二］孔安國曰：“訕，謗毀。”
［三］馬融曰：“窒，窒塞也。”
［四］孔安國曰：“徼，抄也。抄人之意以爲己有。”
［五］苞氏曰：“訐，謂攻發人之陰私。”

（十七·二十三）

子曰：“唯女子與小人爲難養也，近之則不孫，遠之則怨。”

〔一〕 子貢曰 "曰"上，正平本有"問"字。
〔二〕 好稱説人之惡 "之"，正平本無。

（十七·二十四）

　　子曰：“年四十而見惡焉，其終也已。”[一]

　[一]鄭玄曰：“年在不惑，而爲人所惡，終無善行。”

微子第十八

(十八・一)

　　微子去之，箕子爲之奴，比干諫而死。[一]孔子曰："殷有三仁焉。"[二]

　　[一] 馬融曰："微、箕，二國名。子，爵也。微子，紂之庶兄。箕子、比干，紂之諸父。微子見紂無道，早去之，箕子佯狂爲奴〔一〕，比干以諫見殺〔二〕。"

　　[二] 仁者愛人，三人行異而同稱仁，以其俱在憂亂寧民。

(十八・二)

　　柳下惠爲士師，[一]三黜。人曰："子未可以去乎？"曰："直道而事人，焉往而不三黜？[二]枉道而事人，何必去父母之邦？"

　　[一] 孔安國曰："士師，典獄之官。"

　　[二] 孔安國曰："苟直道以事人，所至之國，俱當復三黜。"

(十八・三)

　　齊景公待孔子曰："若季氏，則吾不能，以季、孟之間待之。"[一]曰："吾老矣，不能用也。"孔子行。[二]

　　[一] 孔安國曰："魯三卿，季氏爲上卿，最貴。孟氏爲下卿，不

〔一〕 箕子佯爲奴　"佯"，正平本作"詳"。
〔二〕 比干以諫見殺　"諫"下，正平本有"而"字。

用事。言待之以二者之間。"

〔二〕以聖道難成，故云吾老不能用[一]。

(十八・四)

齊人歸女樂，季桓子受之，三日不朝，孔子行。[一]

［一］孔安國曰："桓子，季孫斯。使定公受齊女樂[二]，君臣相與觀之，廢朝禮三日。"

(十八・五)

楚狂接輿歌而過孔子[三]，[一]曰："鳳兮鳳兮！何德之衰？[二]往者不可諫，[三]來者猶可追。[四]已而已而，今之從政者殆而！"[五]孔子下，欲與之言。趨而辟之，不得與之言。[六]

［一］孔安國曰："接輿，楚人。佯狂而來歌[四]，欲以感切孔子。"

［二］孔安國曰："比孔子於鳳鳥。鳳鳥待聖君乃見[五]，非孔子周行求合，故曰衰[六]。"

［三］孔安國曰："已往所行，不可復諫止。"

［四］孔安國曰："自今以來，可追自止，辟亂隱居。"

［五］孔安國曰："已而已而者[七]，言世亂已甚，不可復治也。再言

〔一〕故云吾老不能用 "吾老"，正平本作 "老矣"。
〔二〕使定公受齊女樂 "齊" 下，正平本、阮本並有 "之" 字。
〔三〕楚狂接輿歌而過孔子 "孔子" 下，正平本有 "之門" 二字。
〔四〕佯狂而來歌 "佯"，正平本作 "詳"。
〔五〕鳳鳥待聖君乃見 "君" 下，正平本有 "而" 字。
〔六〕故曰衰 "衰" 下，正平本有 "之也" 二字。
〔七〕已而已而者 此五字正平本作 "已而者"。

201

之者,傷之深也〔一〕。"

[六] 苞氏曰:"下,下車。"

(十八·六)

　　長沮、桀溺耦而耕,孔子過之,使子路問津焉。〔一〕長沮曰:"夫執輿者爲誰?"子路曰:"爲孔丘。"曰:"是魯孔丘與?"曰:"是也。"曰:"是知津矣。"〔二〕問於桀溺。桀溺曰:"子爲誰?"曰:"爲仲由。"曰:"是魯孔丘之徒與?"對曰:"然。"曰:"滔滔者天下皆是也,而誰以易之?〔三〕且而與其從辟人之士也,豈若從辟世之士哉?"〔四〕耰而不輟。〔五〕子路行以告,夫子憮然,〔六〕曰:"鳥獸不可與同群,〔七〕吾非斯人之徒與而誰與?〔八〕天下有道,丘不與易也。"〔九〕

[一] 鄭玄曰:"長沮、桀溺,隱者也。耜,廣五寸,二耜爲耦。津,濟渡處。"

[二] 馬融曰:"言數周流,自知津處。"

[三] 孔安國曰:"滔滔〔二〕,周流之貌。言當今天下治亂同,空舍此適彼,故曰誰以易之。"

[四] 士有辟人之法,有辟世之法。長沮、桀溺謂孔子爲士,從辟人之法;己之爲士〔三〕,則從辟世之法。

[五] 鄭玄曰:"耰,覆種也。輟,止也。覆種不止,不以津告。"

[六] 爲其不達己意,而便非己也。

────────────

〔一〕 傷之深也 "深",正平本作"甚"。
〔二〕 滔滔 "滔滔"下,正平本有"者"字。
〔三〕 己之爲士 "之",正平本無。

〔七〕孔安國曰："隱於山林是同群〔一〕。"

〔八〕孔安國曰："吾自當與此天下人同群，安能去人從鳥獸居乎？"

〔九〕言凡天下有道者〔二〕，丘皆不與易也，己大而人小故也。

(十八·七)

子路從而後，遇丈人，以杖荷蓧。〔一〕子路問曰："子見夫子乎？"丈人曰："四體不勤，五穀不分，孰爲夫子？"〔二〕植其杖而芸。〔三〕子路拱而立。〔四〕止子路宿，殺雞爲黍而食之，見其二子焉。明日，子路行以告。子曰："隱者也。"使子路反見之。至，則行矣。〔五〕子路曰："不仕無義。〔六〕長幼之節，不可廢也。君臣之義，如之何其廢之〔三〕？〔七〕欲絜其身，而亂大倫。〔八〕君子之仕也，行其義也。道之不行，已知之矣。"〔九〕

〔一〕苞氏曰："丈人，老人也〔四〕。蓧，竹器〔五〕。"

〔二〕苞氏曰："丈人云，不勤勞四體〔六〕，不分殖五穀，誰爲夫子而索之邪〔七〕？"

〔三〕孔安國曰："植，倚也。除草曰芸。"

〔四〕未知所以答。

〔一〕隱於山林是同群　此七字正平本作"隱居於山林，是與鳥獸同群"。
〔二〕言凡天下有道者　"言"上，正平本有"孔安國曰"四字。
〔三〕如之何其廢之　"廢之"，正平本作"可廢也"。
〔四〕老人也　"人"，正平本作"者"。
〔五〕竹器　"器"下，正平本有"名也"二字。
〔六〕丈人云不勤勞四體　"云"，正平本作"曰"。
〔七〕誰爲夫子而索之邪　"邪"，正平本作"耶"，下同。

[五] 孔安國曰:"子路反至其家,丈人出行不在。"

[六] 鄭玄曰:"留言以語丈人之二子。"

[七] 孔安國曰:"言女知父子相養不可廢,反可廢君臣之義邪?"

[八] 苞氏曰:"倫,道理也[一]。"

[九] 苞氏曰:"言君子之仕,所以行君臣之義,不必自己道得行[二]。孔子道不見用,自己知之。"

(十八·八)

逸民:伯夷、叔齊、虞仲、夷逸、朱張、柳下惠、少連。[一]子曰:"不降其志,不辱其身[三],伯夷、叔齊與!"[二]謂:"柳下惠、少連,降志辱身矣,言中倫,行中慮,其斯而已矣。"[三]謂:"虞仲、夷逸,隱居放言,[四]身中清,廢中權。[五]我則異於是,無可無不可。"[六]

[一] 逸民者,節行超逸也[四]。苞氏曰:"此七人皆逸民之賢者。"

[二] 鄭玄曰:"言其直己之心,不入庸君之朝。"

[三] 孔安國曰:"但能言應倫理,行應思慮,如此而已[五]。"

[四] 苞氏曰:"放,置也。不復言世務[六]。"

[五] 馬融曰:"清,純絜也[七]。遭亂世,自廢棄以免患[八],合於權也。"

〔一〕 道理也 "道"下,正平本有"也"字。
〔二〕 不必自己道得行 此七字正平本作"不自必道得行"。
〔三〕 不辱其身 "身"下,正平本有"者"字。
〔四〕 節行超逸也 "也",正平本作"者"。
〔五〕 如此而已 "如此",正平本作"若此"。
〔六〕 不復言世務 "不"上,正平本有"置"字。
〔七〕 純絜也 "絜",正平本、阮本並作"潔"。
〔八〕 自廢棄以免患 "自",正平本作"身"。

〔六〕馬融曰:"亦不必進,亦不必退,惟義所在〔一〕。"

(十八·九)

大師摯適齊,亞飯干適楚,〔一〕三飯繚適蔡,四飯缺適秦,〔二〕鼓方叔入於河,〔三〕播鼗武入於漢,〔四〕少師陽、擊磬襄入於海。〔五〕

〔一〕孔安國曰:"亞,次也。次飯,樂師也。摯、干皆名。"
〔二〕苞氏曰:"三飯、四飯,樂章名,各異師。繚、缺皆名也。"
〔三〕苞氏曰:"鼓,擊鼓者。方叔,名。入,謂居於河內〔二〕。"
〔四〕孔安國曰:"播,搖也〔三〕。武,名也。"
〔五〕孔安國曰:"魯哀公時,禮毀樂崩,樂人皆去。陽、襄皆名。"

(十八·十)

周公謂魯公曰〔四〕:〔一〕"君子不施其親,〔二〕不使大臣怨乎不以。〔三〕故舊無大故,則不棄也。無求備於一人〔五〕。"〔四〕

〔一〕孔安國曰:"魯公,周公之子伯禽,封於魯。"
〔二〕孔安國曰:"施,易也。不以他人之親易己之親〔六〕。"
〔三〕孔安國曰:"以,用也。怨不見聽用。"

〔一〕 惟義所在 "惟",正平本、阮本並作"唯"。
〔二〕 謂居於河內 "於",正平本、阮本並作"其"。
〔三〕 搖也 "搖"上,正平本有"猶"字。
〔四〕 周公謂魯公曰 "謂",正平本作"語"。
〔五〕 無求備於一人 "無",正平本作"毋"。
〔六〕 不以他人之親易己之親 此十字正平本作"不以他人易其親也"。

［四］孔安國曰："大故，謂惡逆之事。"

（十八·十一）

　　周有八士：伯達、伯适、仲突、仲忽、叔夜、叔夏、季隨、季騧。[一]

　　［一］苞氏曰："周時四乳生八子[一]，皆爲顯士，故記之耳[二]。"

〔一〕周時四乳生八子　"生"，正平本作"得"。
〔二〕故記之耳　"耳"，正平本無，阮本作"爾"。

論語卷第十

子張第十九

(十九・一)

子張曰："士見危致命，[一]見得思義，祭思敬，喪思哀，其可已矣。"

[一]孔安國曰："致命，不愛其身。"

(十九・二)

子張曰："執德不弘，信道不篤，焉能爲有？焉能爲亡？"[一]

[一]孔安國曰："言無所輕重。"

(十九・三)

子夏之門人問交於子張。[一]子張曰："子夏云何？"對曰："子夏曰'可者與之，其不可者拒之[一]'。"子張曰："異乎吾所聞。君子尊賢而容衆，嘉善而矜不能。我之大賢與[二]，於人何所不容？我之不賢與[三]，人將拒我，如之何其拒人也。"[二]

[一]孔安國曰："問與人交接之道[四]。"

―――――――――

〔一〕其不可者拒之 "拒"，正平本作"距"，下同。
〔二〕我之大賢與 "之"，正平本無。
〔三〕我之不賢與 "之"，正平本無。
〔四〕問與人交接之道 "問"上，正平本重"問"字。

[二] 苞氏曰：" 友交當如子夏，汎交當如子張。"

（十九·四）

子夏曰："雖小道，必有可觀者焉，[一] 致遠恐泥，[二] 是以君子不爲也。"

[一] 小道，謂異端。
[二] 苞氏曰："泥，難不通。"

（十九·五）

子夏曰："日知其所亡，[一] 月無忘其所能，可謂好學也已矣。"

[一] 孔安國曰："日知其所未聞。"

（十九·六）

子夏曰："博學而篤志，[一] 切問而近思，[二] 仁在其中矣。"

[一] 孔安國曰："廣學而厚識之〔一〕。"
[二] 切問者，切問於己所學未悟之事〔二〕。近思者，思己所未能及之事〔三〕。汎問所未學，遠思所未達，則於所習者不精，所思者不解〔四〕。

〔一〕 廣學而厚識之　此六字正平本作 "博學而厚識也"。
〔二〕 切問於己所學未悟之事　"未悟之事"，正平本作 "而未寤之事也"。
〔三〕 思己所未能及之事　此八字正平本作 "近思己所能及之事也"。
〔四〕 所思者不解　此五字正平本作 "於所思者不解之"。

（十九·七）

　　子夏曰："百工居肆以成其事，君子學以致其道。"[一]

　[一] 苞氏曰："言百工處其肆則事成，猶君子學以致其道[一]。"

（十九·八）

　　子夏曰："小人之過也必文。"[一]

　[一] 孔安國曰："文飾其過，不言情實[二]。"

（十九·九）

　　子夏曰："君子有三變：望之儼然，即之也溫，聽其言也厲。"[一]

　[一] 鄭玄曰："厲，嚴正。"

（十九·十）

　　子夏曰："君子信而後勞其民，未信則以爲厲己也；[一] 信而後諫，未信則以爲謗己也[三]。"

　[一] 王肅曰："厲，猶病也[四]。"

（十九·十一）

　　子夏曰："大德不踰閑，[一] 小德出入可也。"[二]

〔一〕 猶君子學以致其道　"致"，正平本作"立"。
〔二〕 不言情實　"言"下，正平本有"其"字。
〔三〕 未信則以爲謗己也　"也"，正平本作"矣"。
〔四〕 猶病也　"猶"，正平本無。

[一] 孔安國曰:"閑,猶法也。"

[二] 孔安國曰:"小德不能不踰法,故曰出入可。"

(十九·十二)

  子游曰:"子夏之門人小子,當洒掃、應對、進退,則可矣,抑末也。本之則無,如之何?"^[一]子夏聞之曰:"噫!^[二]言游過矣!君子之道,孰先傳焉?孰後倦焉?^[三]譬諸草木,區以別矣。^[四]君子之道,焉可誣也?^[五]有始有卒者,其唯聖人乎!"^[六]

  [一] 苞氏曰:"言子夏弟子,但當對賓客脩威儀禮節之事則可〔一〕,然此但是人之末事耳,不可無其本,故云'本之則無,如之何'。"

  [二] 孔安國曰:"噫,心不平之聲。"

  [三] 苞氏曰:"言先傳業者必先厭倦〔二〕,故我門人先教以小事,後將教以大道。"

  [四] 馬融曰:"言大道與小道殊異,譬如草木,異類區別,言學當以次。"

  [五] 馬融曰:"君子之道,焉可使誣,言我門人但能洒掃而已。"

  [六] 孔安國曰:"始終如一,唯聖人耳。"

(十九·十三)

  子夏曰:"仕而優則學,^[一]學而優則仕。"

〔一〕 但當對賓客脩威儀禮節之事則可　"但",正平本作"於"。

〔二〕 言先傳業者必先厭倦　此九字正平本作"言先傳大業者必厭倦"。

〔一〕馬融曰："行有餘力，則以學文。"

(十九·十四)

子游曰："喪致乎哀而止。"〔一〕

〔一〕孔安國曰："毀不滅性〔一〕。"

(十九·十五)

子游曰："吾友張也爲難能也，〔一〕然而未仁。"

〔一〕苞氏曰："言子張容儀之難及。"

(十九·十六)

曾子曰："堂堂乎張也，難與並爲仁矣。"〔一〕

〔一〕鄭玄曰："言子張容儀盛，而於仁道薄也。"

(十九·十七)

曾子曰："吾聞諸夫子：人未有自致者也〔二〕，必也親喪乎！"〔一〕

〔一〕馬融曰："言人雖未能自致盡於他事，至於親喪，必自致盡。"

(十九·十八)

曾子曰："吾聞諸夫子，孟莊子之孝也，其他可能也；

〔一〕毀不滅性　"滅"，正平本作"傷"。
〔二〕人未有自致者也　"者也"，正平本作"也者"。

其不改父之臣與父之政，是難能也〔一〕。"〔一〕

  〔一〕馬融曰："孟莊子，魯大夫仲孫速也。謂在諒陰之中〔二〕，父臣及父政雖有不善者〔三〕，不忍改也。"

(十九·十九)

　　孟氏使陽膚爲士師，〔一〕問於曾子。曾子曰："上失其道，民散久矣。如得其情，則哀矜而勿喜。"〔二〕

  〔一〕苞氏曰："陽膚，曾子弟子。士師，典獄之官〔四〕。"
  〔二〕馬融曰："民之離散，爲輕漂犯法，乃上之所爲，非民之過，當哀矜之，勿自喜能得其情〔五〕。"

(十九·二十)

　　子貢曰："紂之不善，不如是之甚也。是以君子惡居下流，天下之惡皆歸焉。"〔一〕

  〔一〕孔安國曰："紂爲不善，以喪天下，後世憎甚之，皆以天下之惡歸之於紂。"

(十九·二十一)

　　子貢曰："君子之過也，如日月之食焉〔六〕：過也，人皆

〔一〕 是難能也 "能"，正平本無。
〔二〕 謂在諒陰之中 "陰"，正平本作"闇"。
〔三〕 父臣及父政雖有不善者 "有"，正平本無。
〔四〕 典獄之官 此四字正平本作"典獄官也"。
〔五〕 勿自喜能得其情 "勿"下，正平本有"之"字。
〔六〕 如日月之食焉 "食"，正平本作"蝕"。

214

見之；更也，人皆仰之。"[一]

[一]孔安國曰："更，改也。"

(十九·二十二)

衛公孫朝問於子貢曰：[一]"仲尼焉學？"子貢曰："文、武之道，未墜於地，在人。賢者識其大者，不賢者識其小者，莫不有文、武之道焉。夫子焉不學？[二]而亦何常師之有？"[三]

[一]馬融曰："公孫朝〔一〕，衛大夫。"
[二]孔安國曰："文、武之道，未墜落於地，賢與不賢，各有所識，夫子無所不從學。"
[三]孔安國曰："無所不從學，故無常師。"

(十九·二十三)

叔孫武叔語大夫於朝曰：[一]"子貢賢於仲尼。"子服景伯以告子貢。子貢曰："譬之宮牆[二]，賜之牆也及肩，闚見室家之好。夫子之牆數仞，不得其門而入[三]，不見宗廟之美，百官之富。得其門者或寡矣。[二]夫子之云，不亦宜乎！"[三]

[一]馬融曰："魯大夫叔孫州仇。武，謚。"
[二]苞氏曰："七尺曰仞。"

〔一〕公孫朝 "公孫"，正平本無。
〔二〕譬之宮牆 此四字正平本作"譬諸宮牆也"。
〔三〕不得其門而入 "入"下，正平本有"者"字。

215

[三] 苞氏曰："夫子，謂武叔。"

(十九·二十四)

　　叔孫武叔毁仲尼。子貢曰："無以爲也！仲尼不可毁也。他人之賢者，丘陵也，猶可踰也；仲尼，日月也[一]，無得而踰焉。人雖欲自絶，其何傷於日月乎？多見其不知量也。"[一]

　　[一] 言人雖自絶棄於日月[二]，其何能傷之乎？適足自見其不知量也[三]。

(十九·二十五)

　　陳子禽謂子貢曰："子爲恭也，仲尼豈賢於子乎？"子貢曰："君子一言以爲知，一言以爲不知，言不可不慎也。夫子之不可及也[四]，猶天之不可階而升也。夫子之得邦家者[五]，[一]所謂立之斯立，道之斯行[六]，綏之斯來，動之斯和。其生也榮，其死也哀，如之何其可及也？"[二]

　　[一] 孔安國曰："謂爲諸侯若卿大夫。"
　　[二] 孔安國曰："綏，安也[七]。言孔子爲政，其立教則無不立[八]，

───────
〔一〕日月也　"日"上，正平本有"如"字。
〔二〕言人雖自絶棄於日月　"雖"下，正平本有"欲"字。"棄"，阮本作"弃"。
〔三〕適足自見其不知量也　此九字正平本作"適自見不知量"。
〔四〕夫子之不可及也　"也"，正平本無。
〔五〕夫子之得邦家者　"之"，正平本無。
〔六〕道之斯行　"道"，正平本作"導"，注同。
〔七〕安也　"也"，正平本作"之"。
〔八〕其立教則無不立　"無"，正平本作"莫"。

道之則莫不興行，安之則遠者來至，動之則莫不和睦〔一〕。故能生則榮顯〔二〕，死則哀痛〔三〕。"

〔一〕 動之則莫不和睦　"睦"，正平本作"穆"。
〔二〕 故能生則榮顯　"則"下，正平本有"見"字。
〔三〕 死則哀痛　此四字正平本作"死則見哀痛矣也"。

堯曰第二十

(二十·一)

　　堯曰:"咨！爾舜！天之曆數在爾躬[一]，[一]允執其中。四海困窮，天祿永終。"[二]舜亦以命禹。[三]曰:"予小子履，敢用玄牡，敢昭告于皇皇后帝:[四]有罪不敢赦。[五]帝臣不蔽，簡在帝心。[六]朕躬有罪，無以萬方[二]；萬方有罪，罪在朕躬[三]。"[七]周有大賚，善人是富。[八]"雖有周親，不如仁人。[九]百姓有過，在予一人。"謹權量，審法度，脩廢官，四方之政行焉。[一〇]興滅國，繼絕世，舉逸民，天下之民歸心焉。所重:民、食、喪、祭。[一一]寬則得衆，信則民任焉[四]，敏則有功，公則説[五]。[一二]

[一]曆數，謂列次也。

[二]苞氏曰:"允，信也。困，極也。永，長也。言爲政信執其中，則能窮極四海，天祿所以長終。"

[三]孔安國曰:"舜亦以堯命己之辭命禹。"

[四]孔安國曰:"履，殷湯名。此伐桀告天之文[六]。殷家尚白，未變夏禮，故用玄牡。皇，大。后，君也。大大君帝，謂天帝也。《墨子》引《湯誓》，其辭若此。"

〔一〕天之曆數在爾躬　"曆"，阮本作"厯"，注同。

〔二〕無以萬方　"萬"，正平本作"万"，下及注同。

〔三〕萬方有罪罪在朕躬　此八字正平本不重"罪"字。

〔四〕信則民任焉　此五字正平本無。

〔五〕公則説　"則"下，正平本有"民"字。

〔六〕此伐桀告天之文　"之文"，正平本作"文也"。

218

〔五〕包氏曰:"順天奉法,有罪者不敢擅赦。"

〔六〕言桀居帝臣之位,罪過不可隱蔽〔一〕,以其簡在天心故〔二〕。

〔七〕孔安國曰:"無以萬方,萬方不與也。萬方有罪,我身之過。"

〔八〕周,周家。賚,賜也。言周家受天大賜,富於善人,有亂臣十人是也。

〔九〕孔安國曰:"親而不賢不忠則誅之〔三〕,管、蔡是也。仁人,謂箕子、微子〔四〕,來則用之〔五〕。"

〔一〇〕包氏曰:"權,秤也〔六〕。量,斗斛。"

〔一一〕孔安國曰:"重民,國之本也。重食,民之命也。重喪,所以盡哀。重祭,所以致敬。"

〔一二〕孔安國曰:"言政教公平則民說矣。凡此二帝三王所以治也,故傳以示後世。"

(二十・二)

子張問於孔子曰〔七〕:"何如斯可以從政矣。"子曰:"尊五美,屏四惡,斯可以從政矣。"〔一〕子張曰:"何謂五美?"子曰:"君子惠而不費,勞而不怨,欲而不貪,泰而不驕,威而不猛。"子張曰:"何謂惠而不費?"子曰:"因民之所利而利之,斯不亦惠而不費乎?〔二〕擇可勞而勞之〔八〕,又

〔一〕 罪過不可隱蔽 "罪"上,正平本有"有"字。
〔二〕 以其簡在天心故 此七字正平本作"已簡在天心也"。
〔三〕 親而不賢不忠則誅之 "之",正平本無。
〔四〕 謂箕子微子 "謂",正平本無。
〔五〕 來則用之 "之",正平本作"也"。
〔六〕 秤也 "秤",正平本作"稱"。
〔七〕 子張問於孔子曰 "問"下,正平本有"政"字。
〔八〕 擇可勞而勞之 "擇"下,正平本有"其"字。

誰怨？欲仁而得仁，又焉貪？君子無衆寡，無小大，無敢慢，[三]斯不亦泰而不驕乎？君子正其衣冠，尊其瞻視，儼然人望而畏之，斯不亦威而不猛乎？"子張曰："何謂四惡？"子曰："不教而殺謂之虐，不戒視成謂之暴，[四]慢令致期謂之賊，[五]猶之與人也，出納之吝〔一〕，謂之有司。"[六]

　　[一] 孔安國曰："屏，除也。"
　　[二] 王肅曰："利民在政，無費於財。"
　　[三] 孔安國曰："言君子不以寡小而慢之〔二〕。"
　　[四] 馬融曰："不宿戒而責目前成爲視成。"
　　[五] 孔安國曰："與民無信而虛刻期。"
　　[六] 孔安國曰："謂財物俱當與人〔三〕，而吝嗇於出納惜難之，此有司之任耳，非人君之道。"

(二十・三)

　　孔子曰："不知命，無以爲君子也。[一]不知禮，無以立也。不知言，無以知人也。"[二]

　　[一] 孔安國曰："命，謂窮達之分。"
　　[二] 馬融曰："聽言則別其是非也。"

〔一〕 出納之吝　"納"，正平本作"内"，注同。
〔二〕 言君子不以寡小而慢之　"之"，正平本、阮本並作"也"。
〔三〕 謂財物俱當與人　"物"下，正平本有"也"字。

圖書在版編目(CIP)數據

論語集解/(三國魏)何晏集解;虞思徵整理. —北京:商務印書館, 2023 (2023.9 重印)
(十三經漢魏古注叢書)
ISBN 978–7–100–21661–6

Ⅰ.①論… Ⅱ.①何… ②虞… Ⅲ.①儒家 ②《論語》—注釋 Ⅳ.① B222.22

中國版本圖書館 CIP 數據核字(2022)第 165603 號

權利保留,侵權必究。

封面題簽　陳建勝
特約審讀　李夢生

論語集解

〔三國魏〕何　晏　集解
虞思徵　整理

商　務　印　書　館　出　版
(北京王府井大街36號　郵政編碼100710)
商　務　印　書　館　發　行
蘇州市越洋印刷有限公司印刷
ISBN 978–7–100–21661–6

2023 年 3 月第 1 版　　開本 890×1240　1/32
2023 年 9 月第 2 次印刷　印張 7.375
定價:52.00 元